AUTISMO em MENINAS e MULHERES

AVALIAÇÃO E DIAGNÓSTICO

Lílian Oliveira Gomes

Literare Books
INTERNATIONAL
BRASIL · EUROPA · USA · JAPÃO

Presidente do conselho:
Maurício Sita
Presidente:
Alessandra Ksenhuck
Vice-presidentes:
Cláudia Pires e Julyana Rosa
Diretora de projetos:
Gleide Santos
Consultora de projetos:
Bruna Barboza
Coordenadora editorial:
Amanda Moura
Editor:
Anselmo Vasconcelos
Assistentes editoriais:
Júlia Almeida e Emerson Xavier
Design de capa, projeto gráfico e diagramação:
Gabriel Uchima
Imagem de capa:
Midjourney
Revisão:
Angélica Mendonça e Luísa Bérgami
Impressão:
Printi

Dados Internacionais de Catalogação na Publicação (CIP)
(Câmara Brasileira do Livro, SP, Brasil)

Gomes, Lílian Oliveira
Autismo em meninas e mulheres : avaliação e diagnóstico / Lílian Oliveira Gomes. -- São Paulo : Literare Books International, 2025.

Bibliografia.
ISBN 978-65-5922-999-4

1. Psicologia comportamental 2. TEA (Transtorno do Espectro Autista) - Avaliação 3. TEA (Transtorno do Espectro Autista) - Diagnóstico I. Título.

24-236143 CDD-616.85882

Índices para catálogo sistemático:

1. TEA : Transtorno do Espectro Autista : Neurodiversidade 616.85882

Eliane de Freitas Leite - Bibliotecária - CRB 8/8415

Literare Books International.
Alameda dos Guatás, 102 – Saúde – São Paulo, SP.
CEP 04053-040
Fone: +55 (0**11) 2659-0968
Site: www.literarebooks.com.br
E-mail: literare@literarebooks.com.br

MISTO
Papel | Apoiando o manejo florestal responsável
FSC® C196274

AUTISMO em MENINAS e MULHERES

AVALIAÇÃO E DIAGNÓSTICO

"Desde criança eu me sentia estranha em um ambiente escolar hostil, onde a maioria das crianças eram diferentes de mim e não me respeitavam. Eu achava que não teria mais jeito. Depois do diagnóstico, tudo passou a fazer sentido: os meus períodos intensos aos quais eu me dedicava a algo e esquecia do resto, o terror a certos barulhos, a dificuldade em socializar...

Na minha opinião o diagnóstico de autismo é libertador porque a partir daí podemos nos autoconhecer e buscar ferramentas para poder lidar melhor com essas dificuldades."

Alessandra Oliveira, 24 anos, Rio Grande-RS

DEDICATÓRIA

A todas as meninas e mulheres autistas que passaram pelo meu consultório e pela minha vida em algum momento, nos últimos cinco anos. Sou grata por me inspirarem a me tornar uma profissional melhor, conhecendo e acolhendo vocês a partir do momento em que comecei a enxergar o mundo, um pouco, sob suas perspectivas. Obrigada por me ensinarem tanto!

Aos meus filhos, João Pedro e Benjamin, por me apresentarem o universo do Transtorno do Espectro Autista, uma nova possibilidade de atuação profissional, e ao meu propósito de vida – tudo ao mesmo tempo. Vocês são fantásticos e a mamãe ama vocês!

AGRADECIMENTOS

Agradeço à neuropsicóloga Rosângela Francisca da Silva Penha, minha terapeuta, por me acompanhar nos últimos anos, tanto emocionalmente como profissionalmente, com quem aprendi muito sobre avaliação neuropsicológica.

E agradeço ao meu pai, prof. Dr. João Gomes da Silva Neto, carinhosamente chamado por mim na infância de "minha enciclopédia ambulante", por ter investido anos de sua vida e dos seus recursos em minha formação humana e profissional. Obrigada por ter me encorajado do começo até o final da produção deste projeto (e de todos os outros da minha vida), por ter realizado a revisão de todo o livro e por ser minha rede de apoio todos os dias.

PREFÁCIO

Como analista do comportamento, vejo meninas e mulheres que, durante anos, viveram com um diagnóstico que nunca chegou. A invisibilidade dessas histórias é marcante. Elas camuflam suas dificuldades, adaptam-se, silenciosamente, a um mundo que não reconhece suas diferenças, muitas vezes à custa de sua própria saúde mental e de seu bem-estar.

Foi assim com uma jovem de 17 anos que chegou a mim recentemente. Ela e sua família lutavam para entender por que, apesar de todas as tentativas de se adaptar socialmente, o desconforto persistia. Ao longo de sua vida, recebeu diagnósticos de ansiedade, depressão e transtornos alimentares, mas nenhum deles explicava o desconforto constante. O diagnóstico de autismo, quando finalmente chegou, trouxe alívio. Pela primeira vez, sua luta interna tinha um nome e, o mais importante, um caminho de suporte e acolhimento. Essa história, infelizmente, não é isolada. O autismo feminino, muitas vezes mascarado, é subdiagnosticado, levando meninas e mulheres a enfrentarem uma vida de incompreensão e isolamento.

Por isso, o livro *Autismo em meninas e mulheres: avaliação e diagnóstico* é uma contribuição importante para a sociedade e para a comunidade autista. A autora mergulha no fenótipo feminino do Transtorno do Espectro Autista (TEA), uma faceta frequentemente ignorada. Sua experiência pessoal, como mãe de dois meninos autistas, deu-lhe uma visão profunda sobre o autismo. Com dedicação e um verdadeiro compromisso com a causa, mergulhou no estudo e na prática clínica para garantir que meninas e mulheres autistas também fossem vistas e compreendidas.

A autora alerta-nos para as barreiras que ainda existem no diagnóstico do autismo feminino e que o tornam tão único e difícil de identificar: estereótipos de gênero, falta de informação, viés clínico, entre outras. O impacto disso na vida dessas mulheres é profundo. O diagnóstico precoce não é apenas uma etiqueta clínica, é uma chave que pode transformar, completamente, a trajetória de vida dessas meninas, oferecendo-lhes o suporte de que tanto necessitam.

De forma admirável, a autora destaca também a importância de uma avaliação psicológica cuidadosa, personalizada e adaptada às nuances do TEA em mulheres. Ela traz à tona uma discussão essencial, convidando profissionais da saúde, educadores e sociedade a repensarem a forma como veem o autismo e a considerarem novas formas de entender e apoiar, principalmente, meninas e mulheres autistas.

Ao final desta leitura, é impossível não reconhecer o impacto que esta obra terá tanto nos campos acadêmico e social quanto na prática clínica. A autora oferece-nos um verdadeiro manual, um guia, uma luz de esperança para muitas famílias, uma poderosa fonte de conhecimento para profissionais e para todos os que buscam entender o autismo feminino. Você estará preparado para reconhecer e dar suporte às meninas e mulheres autistas em sua família, na sua prática profissional ou mesmo em sua comunidade.

Parabenizo Lílian pelo trabalho árduo, pela sensibilidade e pela ética que permeiam toda a sua trajetória e as páginas deste livro, e por sua contribuição inestimável à causa autista, dando voz a tantas meninas e mulheres que, por tanto tempo, ficaram à margem. É uma grande honra poder acompanhar a sua trajetória até aqui e recomendar este trabalho! Tenham todos e todas uma excelente leitura!

Lara Oliveira de Sousa Braga

Mestranda em Neurociências, Analista do Comportamento, Supervisora ABA

INTRODUÇÃO

A busca por diagnóstico do Transtorno de Espectro Autista (TEA) em meninas e mulheres tem aumentado, mas a falta de conhecimento sobre suas características específicas tem atrasado o diagnóstico precoce em todo o mundo. Por isso, neste livro, pioneiro no Brasil, trago algumas contribuições para minimizar essa falta, com informações científicas e de minha prática clínica, sobre avaliação e diagnóstico do TEA feminino.

Antes, gostaria de contar sobre as origens, as motivações e os objetivos deste livro, que estão intrinsecamente relacionados com a minha atuação profissional como psicóloga, e também como mãe de dois autistas.

No ano de 2018, eu havia passado por um processo de depressão, seguido do luto pela perda da minha mãe. Meu filho caçula passou seu primeiro ano de vida imerso nesse contexto. Foi nessa época que atrasos de desenvolvimento começaram a ficar mais evidentes, intensificando-se ao longo do seu segundo ano. Em meio a investigações e avaliações com especialistas, ocorreram meus primeiros contatos com o tema do autismo. E assim começou, então, a minha busca incessante por conhecimentos práticos e técnicos para que eu pudesse ajudá-lo em suas dificuldades.

Nesse mesmo período, eu também vivia uma fase de insatisfação pessoal com minha então carreira profissional, como psicóloga em uma instituição militar. Havia algum tempo eu me questionava sobre outros caminhos a seguir, fato que intensificava ainda mais a motivação para essa busca por informações sobre o autismo. Foi quando, durante o primeiro curso que eu fiz sobre conhecimentos básicos em Análise do Comportamento Aplicada (ABA), descortinou-se um horizonte de informações e possibilidades totalmente diferente diante de mim. Era dezembro de 2018 e, naquele curso, eu me vi diante de práticas efetivas que poderiam trazer resultados positivos e imediatos para o desenvolvimento do meu filho. Vislumbrei também o que, até então, buscava encontrar e ainda lembro que, inspirada pela descoberta dessa nova perspectiva de formação e atuação profissional, disse para mim mesma: "É com isso que eu vou trabalhar agora!". Depois desse primeiro curso, vieram dezenas de outros em poucos anos.

O diagnóstico de autismo do meu filho caçula veio logo depois, no primeiro semestre de 2019. Com o acúmulo de conhecimento até então adquirido e um olhar clínico mais apurado, comecei a perceber características do autismo no meu filho mais velho, e o diagnóstico dele foi dado no final do mesmo ano. Ainda naquele ano, encerrei minha carreira de militar temporária e fui convidada pela clínica em que meus filhos faziam as terapias para trabalhar com psicoterapia infantil. Também comecei a atender uma menininha de 2 anos e 6 meses, ocasião em que realizei minha primeira avaliação psicológica para suspeita de autismo. E assim, desde então, mergulhei fundo no estudo do tema.

Ainda em 2019, frequentei clínicas durante as avaliações e terapias dos meus dois filhos, conheci profissionais da área e, naquele momento de redirecionamento de minhas atividades profissionais, ocorreu-me que poderia abrir minha própria clínica. Com essa ideia em mente, comecei a seguir um propósito pessoal de proporcionar a crianças autistas e suas famílias o mesmo que eu gostaria para meus filhos, em minhas tantas buscas por tratamento adequado. E foi assim que, em janeiro de 2020, nasceu a NeuroBen Núcleo Terapêutico Infantil, nome escolhido em homenagem ao meu filho caçula, Benjamin.

Infelizmente, logo após a inauguração, deparamo-nos com a pandemia de Covid-19, e a clínica teve que esperar mais de um ano para normalizar suas atividades. Sem dúvida, particularmente para mim, aquele foi um ano de amadurecimento pessoal e profissional. Naquele cenário de tantas angústias e incertezas, foi preciso refazer os planos de percurso, com a clínica recém-inaugurada fechada, e sozinha com duas crianças autistas em um pequeno apartamento, sem poder fazer atendimentos profissionais.

O caçula Benjamin, autista não verbal, nível 2, tinha uma rotina de terapias, e precisei ser Acompanhante Terapêutico (AT) dele por um tempo, aplicando os programas de ensino, em casa, com a orientação das terapeutas, por meio de vídeos gravados e da supervisão delas por videochamada. Meu filho mais velho, por sua vez, na fase da alfabetização, precisava ser acompanhado nas aulas on-line. Nesse contexto, já que eu não podia trabalhar atendendo, tentei administrar todo o meu tempo na rotina diária do isolamento com as crianças, concentrando meus esforços no aperfeiçoamento profissional: iniciei e concluí uma pós-graduação *lato sensu* em Intervenções Precoces no Autismo, além de outros cursos livres sobre Modelo

Denver de Intervenção Precoce, protocolos de avaliação comportamental e avaliação e diagnóstico de autismo em crianças e adultos.

Também comecei a estudar sobre o autismo em mulheres e a fazer vídeos no Instagram em que eu abordava essa temática, explorando as informações que obtinha em minhas leituras dos artigos científicos da época. A partir desses vídeos, mulheres começaram a me procurar para avaliação, e tivemos, inclusive, um diagnóstico de autismo feminino na minha família, despertado, justamente, por esse conhecimento compartilhado. É importante ressaltar que, até aquele ano, quase não se falava sobre autismo em meninas e mulheres entre os profissionais que divulgavam conhecimentos da área nas redes sociais. Em minhas buscas bibliográficas, já havia constatado que também não dispúnhamos de produção científica brasileira nesse campo.

Assim, consciente da escassez de profissionais especializados em avaliação de autismo e, principalmente, capacitados para identificar o fenótipo feminino do autismo, em 2021 iniciei um projeto social de avaliação diagnóstica de autismo para crianças, mulheres e mães solo de baixa renda do município de São Paulo. Nos anos seguintes, o projeto estendeu-se para além do estado, e realizei avaliações para diagnóstico de mulheres de outras regiões, como Sul e Nordeste.

Ao longo desse tempo, tenho observado padrões comportamentais em meninas e mulheres mascarados não somente por elas mesmas, mas também por estereótipos sociais. É importante acrescentar que alguns padrões comportamentais apresentados pelas meninas desde bebês, que diferem dos apresentados por meninos, principalmente no que diz respeito à motivação e à capacidade de ajuste social, tendem a confundir a família e os profissionais em geral, atrasando a busca pelo diagnóstico.

No contato próximo com as mulheres autistas a que tive o prazer de atender, como também aquelas que conheci em várias oportunidades, em cursos, palestras e redes sociais, fui impactada por vários relatos. Nessas ocasiões, o que mais me impactou foi ouvir sobre o sofrimento que elas carregaram ao longo da vida por não conseguirem se encaixar nos padrões sociais – e tantas vezes se esforçarem para isso –; por não saberem o motivo de se sentirem "diferentes", sendo muito exigidas pelo entorno, seja no núcleo familiar, seja nas amizades ou nos relacionamentos amorosos e profissionais.

Sabe-se que, nas várias culturas, as mulheres já são, por si só, mais exigidas pela sociedade em seus múltiplos papéis; e, sem dúvidas, esse peso recai mais fortemente sobre aquelas que estão no espectro autista. Nessa população, os riscos aumentados para ansiedade e depressão, assim como diagnósticos errados, recebidos ao longo da vida, são os principais motivos para que, cada vez mais, os profissionais de saúde e a sociedade tenham consciência de que precisam aprender a identificar, precocemente, o autismo nas bebês e nas meninas. Espera-se, assim, que elas tenham oportunidades de ser acolhidas e respeitadas em suas singularidades, e também apoiadas em suas dificuldades, entendendo-se, sobretudo, que não precisam atender a algum padrão social imposto para serem validadas e aceitas.

Em paralelo a isso, percebe-se que a conscientização da sociedade, incluindo profissionais médicos, sobre mulheres com autismo não tem sido suficiente, ou tem sido até mesmo baixa em muitos países. Nessa perspectiva, constata-se que, infelizmente, muitas meninas e mulheres com autismo não têm tido acesso a terapias adequadas, devido à falta do diagnóstico correto ou a diagnóstico tardio. Além disso, ainda há instrumentos de diagnóstico usados na prática cotidiana que não abarcam características específicas do espectro feminino do autismo e, por isso, não se mostram suficientemente sensíveis para que se possa diagnosticar essas pacientes de maneira adequada.

Esta publicação vem somar-se a outras iniciativas de abordagens dessa temática, no Brasil, trazendo uma sistematização de informações científicas, diretamente relacionadas com a avaliação e o diagnóstico, acompanhados de reflexões pertinentes, advindas de constatações da minha prática clínica. Para explorar esse conhecimento científico, recorri a publicações de vários pesquisadores internacionais, notadamente aqueles localizados em universidades e centros de pesquisa da Dinamarca, da Polônia, do Reino Unido, da Itália e dos Estados Unidos.

Seguindo o meu raciocínio na exposição dos conteúdos, que reproduz uma sequência lógica, o plano de texto deste livro vai dos aspectos gerais relativos aos conhecimentos sobre o espectro autista em meninas e mulheres até a sistematização do processo de avaliação, subjacente à necessidade de diagnósticos cada vez mais assertivos e precoces.

Assim pensado, o conteúdo está organizado em duas partes: a primeira destina-se à compreensão do TEA feminino.

No Capítulo 1, explora-se o fenótipo feminino do autismo, passando por teorias etiológicas, estudos de prevalência e problematizações específicas dessa apresentação fenotípica. No Capítulo 2, apresenta-se barreiras ao reconhecimento das características e o impacto dos estereótipos sociais e da camuflagem no atraso do diagnóstico. E, no Capítulo 3, abrange-se algumas diferenças entre homens e mulheres autistas, lançando luz também sobre as questões de gênero na apresentação das características.

Na segunda parte do livro, é delineado o processo de avaliação e diagnóstico. Para isso, no Capítulo 4, apresenta-se um modelo de avaliação psicológica, com técnicas e ferramentas disponíveis no contexto brasileiro. No Capítulo 5, é feito um compilado de características clínicas do TEA feminino, classificadas conforme os critérios diagnósticos, além de outras que não são contempladas nos atuais critérios diagnósticos, mas que são comuns nos perfis comportamentais de meninas e mulheres autistas. Por fim, no Capítulo 6, discute-se a necessidade de investigação das comorbidades para que elas não sejam confundidas, gerando diagnósticos errados.

Este livro é, pois, o resultado desses cinco últimos anos de atuação na clínica, em que tenho correlacionado a prática com uma constante busca de aprofundamento teórico, baseado em pesquisas sobre as problemáticas do autismo. Diante desse quadro, rapidamente delineado, mas que sabemos ser bem mais amplo e complexo, este livro situa-se em suas motivações e seus objetivos, alinhado no sentido de tentar expandir e reforçar a ideia, já recorrente em pesquisas na área, de que o diagnóstico oportuno e adequado pode reduzir as dificuldades que as autistas vivenciam no seu dia a dia. Assim pensado, espera-se que o diagnóstico permita avaliar melhor suas necessidades relativamente aos vários âmbitos de suas vivências pessoais, não apenas em sua individualidade, com as suas singulares e idiossincrasias, em virtude de sua condição, mas também em sua cidadania, na sua legitimidade como *ser no mundo e do mundo*, com seus lugares compreendidos e assegurados nos diversos espaços sociais, como a saúde, a educação, os esportes e o lazer, os relacionamentos familiares, afetivos e amorosos, as práticas religiosas, o trabalho etc.

SUMÁRIO

PARTE 2: AVALIANDO PARA O DIAGNÓSTICO

PARTE 1: COMPREENDENDO O TEA FEMININO

CAPÍTULO 1:
EXPLORANDO O FENÓTIPO FEMININO DO AUTISMO

O transtorno do espectro autista (TEA) é um transtorno de neurodesenvolvimento complexo, com prevalência mundial de cerca de 1% e caracterizado por déficits de interação social e comunicação, além de padrões repetitivos de comportamento, podendo estar associado à hiper ou hiporreatividade da estimulação sensorial e à deficiência cognitiva. As características comórbidas do TEA incluem sintomas internalizantes e externalizantes, como ansiedade, depressão, hiperatividade e problemas de atenção.

1.1 ETIOLOGIA E PREVALÊNCIA

A etiologia do TEA ainda é desconhecida, mas já não há dúvidas de que o transtorno está ligado a fatores genéticos e ambientais. Também é bem documentada e conhecida a maior prevalência em homens, em comparação com mulheres, com cerca de 70% dos casos descritos. A esse respeito, retomamos estudos internacionais que exploram as diferenças em homens e mulheres com TEA, tentando, assim, lançar luzes sobre as características peculiares dessa prevalência em termos de diagnóstico.

Dados recentes de 2023, levantados em um monitoramento americano, indicaram que cerca de uma em cada trinta e seis (1:36) crianças foi identificada com o TEA nos Estados Unidos (Maenner *et al.*, 2023). Além disso, esse mesmo estudo mostrou que o TEA ocorre em todos os grupos raciais, étnicos e socioeconômicos e é quase quatro vezes mais comum entre meninos do que entre meninas (4:1). Essa proporção entre sexos/gêneros de quatro para um é amplamente citada e vem de pesquisas que determinaram a proporção média entre ambos, a partir de estudos de prevalência populacional. Entretanto, a proporção ainda é debatida, e outros estudos epidemiológicos de pesquisadores ingleses relataram proporções que variam de 2:1 a 5:1 (Loomes *et al.*, 2017; Lord *et al.*, 2020).

1.2 PREVALÊNCIA NA HISTÓRIA

Historicamente, o autismo tem sido considerado mais prevalente em homens. Conceituações iniciais de autismo

(Marfinati e Abrão, 2014), descritas pela primeira vez pelo psiquiatra infantil Leo Kanner e pelo pediatra Hans Asperger, basearam-se, em grande parte, em meninos e em amostras de pesquisas que se desenvolveram para a compreensão do autismo ser majoritariamente masculina.

No estudo de Leo Kanner (1943), sobre um pequeno grupo de crianças autistas, havia quatro vezes mais meninos do que meninas (4:1). Em seu artigo sobre autismo, por sua vez, Lorna Wing (1981) descobriu que, nas proporções entre os sexos na primeira infância, entre pessoas com diagnóstico de síndrome de Asperger (como era chamado na época), havia quinze vezes mais homens e meninos do que mulheres e meninas (15:1). Já no caso de pessoas autistas com dificuldades de aprendizagem, a pesquisadora constatou que a proporção de homens e meninos para mulheres e meninas era próxima de dois para um (2:1) (Marfinati e Abrão, 2014).

Pesquisas mais recentes* corroboram os achados da época de Wing (1981), indicando que as proporções entre os sexos variam quando são consideradas a idade e a capa-

* Grande parte deste capítulo baseia-se no artigo de Bethany Driver e Verity Chester (2021), que fizeram um levantamento do estado da arte sobre a apresentação, o reconhecimento e o diagnóstico de autismo em mulheres e meninas. Quando citados, os artigos científicos desse levantamento serão referenciados no final do capítulo, conforme a numeração indicada. Esse mesmo procedimento de citação de segunda mão é adotado nos demais capítulos.

cidade intelectual (Zener, 2019). Observou-se que, em indivíduos com deficiência intelectual (DI) comórbida, foi encontrada uma proporção entre homens e mulheres de aproximadamente dois para um (2:1) (Mattila *et al.*, 2011)[1], e de dez para um (10:1) na ausência de identificação de comorbidades[2].

Muitas mulheres e meninas autistas não são diagnosticadas ou o são erroneamente. Antes, pensava-se que havia muito mais homens autistas do que mulheres, mas, com o tempo, essa proporção tem se aproximado. Em resposta às buscas por esclarecimento sobre esse fenômeno, nos últimos anos têm sido apresentadas algumas teorias para explicar essa lacuna de diagnóstico na população feminina, mas nenhuma ainda foi provada conclusivamente. Enquanto isso, o fato é que, na realidade, observa-se uma somatória de fatores que contribuem para essa realidade.

1.3 TEORIAS SOBRE A NATUREZA E A ETIOLOGIA DO TEA FEMININO

De acordo com Napolitano *et al.* (2022), a suposição de que o TEA é mais comumente relatado em homens motivou teorias sobre a natureza e a etiologia do transtorno, conhecidas "cérebro masculino extremo", "efeito protetivo feminino" e "fenótipo do autismo feminino". Vejamos, sucintamente, algumas informações sobre essas teorias.

1.3.1 TEORIA DO CÉREBRO MASCULINO EXTREMO

Essa teoria sugere que as duas dimensões para entender as diferenças sexuais humanas são a "empatia" e a "sistematização". De acordo com essa abordagem, o cérebro masculino é definido como aquele em que a sistematização se encaixa melhor do que a empatia. O cérebro feminino, por outro lado, é definido com um perfil cognitivo oposto. Nessa perspectiva, adotando-se essas definições, o TEA pode ser considerado um extremo do perfil masculino normal (Baron-Cohen, Knickmeyer e Belmonte, 2005).

1.3.2 TEORIA DO EFEITO PROTETIVO FEMININO

A prevalência masculina nos resultados de pesquisas também foi relatada, repetidamente, levando ao conceito de um "modelo do efeito protetivo feminino", ou "fator de proteção feminina" (Driver e Chester, 2021). Esse modelo teórico assume que o risco para TEA é quantitativo e segue uma distribuição na população em geral, sendo que as mulheres são protegidas do impacto de se tornarem autistas. Com isso, diante dos fatores de risco, parecem estar protegidas do transtorno, fazendo com que o limite de carga de risco que devem carregar (por exemplo, variantes genéticas) ou experimentar (por exemplo, exposições ambientais), antes que seu autismo se torne evidente, é maior do que para os homens (Werling, 2016). É importante salientar que, sob a ótica dessa abordagem, o efeito protetivo feminino leva a uma prevalência menor de TEA em comparação com homens, com proporção de quatro para um (4:1), para TEA de alto funcionamento, e de dois para um (2:1), para TEA com deficiência intelectual grave (Fombonne, 2009).

1.3.3 TEORIA DO FENÓTIPO DO AUTISMO FEMININO

Sugere a presença de uma manifestação especificamente feminina de pontos fortes e dificuldades autistas. Há evidências empíricas de que meninas e mulheres com TEA mostram maior motivação social e maior capacidade para amizades do que homens autistas.[3]

Em um estudo publicado recentemente por pesquisadores norte-americanos (Eldeeb *et al.*, 2023), realizado com 28.088 crianças, inscritas em quatro estudos de detecção precoce do autismo, uma amostra de 731 delas foi encaminhada para avaliação, com alta probabilidade de autismo, após uma triagem inicial com o *Modified Checklist for Autism in Toddlers, Revised, with Follow-Up* (MCHAT-R/F), ferramenta de triagem de autismo amplamente usada no mundo inteiro. Em seus comentários, os autores reforçam a importância do exame das diferenças de sexo no rastreamento do autismo na infância, porque ele determina quem será orientado para avaliações e receberá diagnósticos, o que é fundamental para que se tenha acesso à intervenção precoce específica.

Entre outras coisas, esse estudo revelou que, apesar da lista de verificação identificar, com precisão, homens e mulheres com autismo, as meninas tinham menos probabilidade de serem objeto de uma triagem inicial positiva e serem encaminhadas para avaliações para fins de diagnóstico. Além disso, na triagem do MCHAT-R/F, as meninas com resultados de alta probabilidade de autismo também tiveram menos probabilidade de serem diagnosticadas autistas, o que diminuiu a confiança nos resultados do examinador.

1.4 CRITÉRIOS DIAGNÓSTICOS BASEADOS TRADICIONALMENTE EM ESTEREÓTIPOS MASCULINOS

Essas diferenças de probabilidade remetem nossa atenção a outros estudos que exploram as questões do fenótipo feminino do autismo. A esse respeito, as pesquisadoras polonesas Rynkiewicz, Janas-kozik e Słopień (2019) chamam a atenção para o fato de que os critérios diagnósticos são tradicionalmente construídos em um estereótipo masculino do TEA e não levam em consideração um padrão único de comportamentos de mulheres com autismo. Segundo diversos estudos levantados pelas pesquisadoras, os instrumentos de diagnóstico padronizados atualmente disponíveis, como o *Autism Diagnostic Observation Schedule* (ADOS e ADOS-2), o *Autism Diagnostic Interview-Revised* (ADI-R) e o *Social Communication Questionnaire* (SCQ), não são sensíveis o suficiente para identificar traços de autismo em mulheres.

Acontece que esses instrumentos foram desenvolvidos com base em pesquisas feitas com amostras predominantemente masculinas. Além disso, amostras de padronização para essas ferramentas de avaliação tendem a ser, também, predominantemente masculinas, abrindo precedentes para questionar, assim, sua precisão estatística e sua validade no caso das mulheres. Tudo isso contribui para o sub-reconhecimento do autismo em meninas e mulheres e as deixa na condição de "escorrerem" pela rede de diagnóstico, por falta de filtros de triagem mais eficientes.

1.5 APRESENTAÇÃO, RECONHECIMENTO E DIAGNÓSTICO DE MENINAS E MULHERES AUTISTAS

Na busca de uma melhor compreensão sobre os traços do fenótipo feminino do autismo e sua relação com a problemática do diagnóstico, encontramos em Driver e Chester (2021) uma revisão de publicações de pesquisas sobre apresentação, reconhecimento e diagnóstico de mulheres e meninas autistas.

Dentre as pesquisas revisadas, destaca-se a de Barnard-Brak, Richman e Almekdash (2019)[4], que examinaram quantas meninas podem estar perdendo um diagnóstico de autismo, comparando a clínica e os conjuntos de dados baseados na comunidade para estimativas da população nacional na distribuição por sexo. Dentre os achados desses pesquisadores, dois se destacam: informa-se que 39% mais meninas deveriam ser diagnosticadas com autismo do que realmente foram e a distribuição por sexo deve ser aproximadamente 28% feminina, em vez de 18%, como relatado dentro das estimativas populacionais correspondentes. Nessa mesma linha de resultados, a revisão dessas pesquisas indica que mulheres autistas sem diagnóstico são propensas a "voar sob o radar", segundo Carpenter, Happé e Egerton (2019)[5], e aparecem em risco particular de terem suas necessidades ignoradas, conforme o estudo de Zener (2019)[6]. Aliás, este último destacou caminhos comuns para mulheres que recebem diagnóstico, dentre os quais ele inclui terem um membro da família que recebe um diagnóstico de autismo e depois irem identificando características em si mesmas, reconhecendo traços pessoais em relatos de mulheres autistas, ou explorando a possibilidade de autismo quando experimentam dificuldades no emprego ou esgotamento (*burnout*).

Ainda na revisão feita pelas pesquisadoras Driver e Chester (2021), em consonância com os estudos que indicam relação entre deficiência intelectual e maior prevalência de diagnósticos femininos, estão os achados de Duvekot *et al.* (2017)[7], os quais indicaram que níveis mais elevados de problemas emocionais e comportamentais relatados pelos pais aumentam a probabilidade de meninas terem um diagnóstico de autismo, sugerindo que precisam apresentar mais deficiências e dificuldades para receberem um diagnóstico de autismo.

Aliás, quanto a esse aspecto dos fatores intervenientes nos encaminhamentos do diagnóstico, essa revisão também indicou diferenças de sexo na apresentação do autismo: as mulheres parecem ter dificuldades mais sutis na comunicação e na interação social, possivelmente devido a uma maior motivação social e à tendência para a camuflagem de comportamentos socialmente inadequados, que elas percebem com mais facilidade que os homens. Além disso, parecem tão propensas quanto os homens a demonstrarem interesses restritos e repetitivos, que são menos facilmente observáveis ou não são detectados pelos profissionais de saúde ou das escolas, devido à sua reduzida familiaridade com a apresentação das características do autismo em meninas e mulheres.

Mantendo-nos mais especificamente naquilo que nos interessa neste momento, retomamos Driver e Chester (2021), em sua conclusão, quando afirmam que as mulheres parecem propensas a sofrer com diagnósticos "ofuscados" ou com erros de diagnóstico. Na prática clínica, isso pode ser entendido como subdiagnóstico, cujas possíveis explicações incluem a falta de conhecimento geral do perfil do autismo feminino, expectativas de gênero em relação aos traços autistas e estereótipos de comportamento social feminino. Esses três tópicos serão aprofundados ao longo dos próximos capítulos.

1.6 A IMPORTÂNCIA DO DIAGNÓSTICO

Sabe-se que o diagnóstico tardio ou perdido coloca as pessoas em risco de não receberem o apoio que precisam e reduz a probabilidade de intervenção precoce. Receber um diagnóstico oportuno pode fornecer a validação essencial da pessoa sobre quem ela é no mundo; além de validação social, significa possibilidade de acesso à educação formal e a direcionamentos para intervenções adequadas e suportes que ela precisa receber.

Antes do diagnóstico, há uma fase de reconhecimento, em que as características de autismo são notadas ou observadas, e o indivíduo pode, então, ser posteriormente encaminhado para avaliação. Essa fase é importante porque o reconhecimento depende do conhecimento do autismo pelo público em geral, nos mais variados ambientes sociais, mas, sobretudo, nos espaços educacionais e clínicos. Esse reconhecimento do autismo geralmente começa com uma tomada de consciência das características por parte dos cuidadores ou responsáveis. A capacidade dos membros da família de reconhecerem o autismo está, de certo modo e em certa medida, alinhada com a conscientização do transtorno pelo público em geral.

1.7 CONHECIMENTO PÚBLICO SOBRE O AUTISMO

Vários estudos têm examinado o conhecimento público sobre o autismo, como os conduzidos por Alsehemi *et al.*

(2017), Dillenburger, Jordan e McKerr (2013), Dillenburger *et al.* (2013), Durand-Zaleski *et al.* (2012) e Stewart (2008)[8]. Embora nesses estudos os participantes hajam relatado consciência superficial do autismo (por exemplo, alguns "tinham ouvido falar" sobre o assunto), poucos estavam confiantes da profundidade de seu conhecimento e muitos estereótipos foram endossados, como o de que todas as pessoas autistas têm um talento especial ou são altamente inteligentes. Ademais, as representações masculinas são predominantes na mídia, o que afeta a concepção pública do autismo, como nos informam Carpenter, Happé e Egerton (2019)[9].

1.8 PERCEPÇÃO DO AUTISMO FEMININO EM AMBIENTES ESCOLARES

Em outro estudo sobre a percepção pública do autismo, realizado em ambientes escolares, as pesquisadoras inglesas Sproston, Sedgewick e Crane (2017) investigaram a percepção do autismo em meninas na educação. Em seus achados, constataram que os professores podem não estar cientes das nuances comportamentais das mulheres no espectro, devido ao comportamento social adequado em sala de aula, à falta de problemas comportamentais e à tendência para a camuflagem. Três temas principais foram informados, a partir de entrevistas realizadas com meninas autistas e seus pais: ambientes escolares inadequados (incluindo problemas sensoriais, dificuldades com colegas e pressões gerais das salas de aula tradicionais); tensões nas relações escolares (incluindo problemas com funcionários e colegas); e problemas com as respostas da equipe escolar (incluindo uma aparente falta de compreensão das necessidades e falta de apoio adequado).

1.9 CONSCIENTIZAÇÃO SOBRE O AUTISMO FEMININO ENTRE PROFISSIONAIS DA SAÚDE

Ainda no que se refere à problemática do diagnóstico, outro achado de pesquisas é a constatação de que, em ambientes clínicos, o foco em mulheres autistas é limitado. Crane e sua equipe[10] (2019) examinaram a conscientização sobre o autismo entre profissionais, como psiquiatras, psicólogos, neurologistas, pediatras e fonoaudiólogos. O estudo destacou que, nesses ambientes, a consciência do autismo era altamente variável, com discrepâncias substanciais na avaliação e nas práticas diagnósticas dos profissionais. Embora os psiquiatras desempenhassem um papel crítico no reconhecimento, na avaliação e nos cuidados de saúde dos pacientes autistas, aproximadamente 30% destes profissionais relataram que não receberam nenhum ensinamento sobre o transtorno durante sua formação.

Na mesma linha de pesquisa, Tromans *et al.* (2019)[11] afirmaram que uma proporção considerável de profissionais da saúde estava menos confiante em reconhecer, rastrear e diagnosticar autismo em pacientes mulheres, mas estavam interessados em melhorar suas habilidades e endossaram o desejo de terem mais conhecimento a respeito.

1.10 SUBDIAGNÓSTICO DA POPULAÇÃO PSIQUIÁTRICA INSTITUCIONALIZADA

Em uma revisão sistemática de pesquisas sobre essa temática, Tromans *et al.* (2018)[12] buscaram informações sobre a prevalência do autismo em pacientes psiquiátricos internados, e os achados indicaram que as populações do estudo eram predominantemente masculinas. Os resultados ainda evidenciaram que o número de mulheres autistas que recebem tratamento hospitalar por dificuldades de saúde mental é, em grande parte, desconhecido, e suas experiências de cuidado, inexploradas. Nesse sentido, os resultados sugerem que não está claro se as mulheres estão sendo excluídas das pesquisas ou se estão sendo subdiagnosticadas dentro de ambientes clínicos.

1.11 AUTISMO FEMININO E ENFRENTAMENTO DAS QUESTÕES DE SAÚDE

As questões de saúde das mulheres e meninas autistas também permanecem pouco pesquisadas. Apesar de a base de pesquisa ser limitada, há evidências crescentes que sugerem que as mulheres autistas podem enfrentar os problemas de saúde de forma diferente e, portanto, podem se beneficiar de um acompanhamento médico mais personalizado. Ainda na revisão de publicações de pesquisas feita por Driver e Chester (2021), sobre essas questões de saúde foram levantados problemas relacionados à menstruação e ao aumento da ansiedade, fatores que afetam o trabalho e a vida social e comunitária, em mulheres e meninas autistas[13].

Sobre esse tópico, também foram identificados problemas sensoriais, comportamentos repetitivos e dificuldades em regular emoções, que ficam exacerbadas antes, durante e após a menstruação[14]. Em sua maioria, as causas são desconhecidas, e a falta de conscientização a respeito dá a entender que as necessidades de cuidados ginecológicos diferenciados não são atendidas nessa população[15].

1.12 GRAVIDEZ E MATERNIDADE NO AUTISMO

Um outro tópico correlacionado a essas questões diz respeito à gravidez e à maternidade. Conforme nos informam Pohl e sua equipe[16], algumas mulheres autistas vivenciam aspectos de gravidez e maternidade mais desafiadores do que as não autistas, incluindo mudanças no corpo durante a gravidez e sensibilidade sensorial à amamentação. Esses pesquisadores também descobriram que mães autistas eram mais propensas a sofrer de depressão pré e pós-parto, ansiedade, mutismo seletivo, sentimento de ser incompreendida pelos profissionais e vivenciar a maternidade como algo solitário. Diante desse quadro, é provável que tais mães necessitem de apoios que reconheçam os seus desafios únicos.

1.13 MULHERES AUTISTAS ENCARCERADAS

Seguindo nos achados de Driver e Chester (2021), verificamos que os estudos sobre o autismo nas prisões concentraram-se, principalmente, nas populações masculinas[17]. Não há dados conhecidos sobre pesquisas que tenham examinado mulheres autistas encarceradas; no entanto, pesquisas foram conduzidas em saúde mental forense. Em uma delas, Hare *et al.* (1999)[18] fizeram uma triagem de autismo em 1.305 pacientes de três hospitais de segurança máxima na Inglaterra. Dos autistas identificados (n = 31), havia 29 (93,5%) homens e 2 mulheres (6,5%), em uma proporção de 15,5:1. Em outro estudo, conduzido por Esan e sua equipe[19] (2015) em uma população de 138 pacientes tratados com identificação carcerária, dentre os 42 pacientes autistas, 6 eram do sexo feminino.

É importante frisar que, em seus resultados, esses estudos indicam que mulheres autistas estão presentes em ambientes carcerários, mas poucas pesquisas examinaram sua prevalência, assim como suas características, necessidades e experiências, ou os resultados do tratamento.

Um recente estudo de caso autobiográfico, com base nos relatos escritos de uma mulher autista, anteriormente detida em um serviço de saúde mental forense, analisou sua perspectiva (Markham, 2019)[20]. Em seu relato, a mulher descreve sentir-se diferente dos outros pacientes, incompreendida por sua equipe de atendimento, além de perceber uma falta de envolvimento em seu cuidado, recomendando que a equipe forense recebesse treinamento em autismo.

Entre outras coisas, esses estudos lançam luz sobre a ideia de que é possível que as necessidades das autistas no sistema da justiça criminal também não estejam sendo vistas, nem cumpridas.

Diante desse painel de informações que vimos até aqui, somos inevitavelmente levados a uma reflexão mais aprofundada sobre o conjunto da problemática que envolve o reconhecimento do espectro autista feminino e a importância do diagnóstico. O conhecimento dos profissionais sobre o autismo é altamente variável, particularmente em relação à apresentação feminina. Acreditamos que se faz necessária uma melhor formação sobre o TEA em todos os contextos, notadamente no sistema educacional, nos serviços de saúde e nos serviços públicos no geral. Aliás, as formações sobre autismo precisam ser oferecidas a todos os envolvidos, e não apenas aos novos profissionais.

Os cursos, as formações, as palestras sobre autismo precisam estar alinhados às necessidades e percepções dos próprios autistas e de seus cuidadores. Idealmente, os treinamentos devem cada vez mais ser ministrados por ou em conjunto com os autistas. Ademais, é preciso que pesquisas sejam desenvolvidas no Brasil para que possamos conhecer o autismo feminino em nosso contexto sociocultural.

No próximo capítulo, vamos nos aprofundar nas barreiras que se opõem ao reconhecimento das características e no impacto dos estereótipos sociais e da camuflagem no atraso do diagnóstico de autismo nas meninas e mulheres.

REFERÊNCIAS BIBLIOGRÁFICAS

[1] MATTILA, M. *et al.* Autism spectrum disorders according to DSM--IV-TR and comparison with DSM-5 draft criteria: An epidemiological study. *Journal of the American Academy of Child and Adolescent Psychiatry*, Amsterdã, v. 50, n. 6, p. 583-592, 2011.

[2] BARNARD-BRAK, L.; RICHMAN, D.; ALMEKDASH, M. H. How many girls are we missing in ASD?: An examination from a clinic- and community-based sample. *Advances in Autism*, Leeds, v. 5, n. 3, p. 214-224, 2019.

FOMBONNE, E. Epidemiology of pervasive developmental disorders. *Pediatric Research*, [s. l.], v. 65, n. 6, p. 591-598, 2009; citado por Napolitano (2002).

[3] BARGIELA, S.; STEWARD, R.; MANDY, W. The experiences of late--diagnosed women with autism spectrum conditions: An investigation of the female autism phenotype. *Journal of Autism and Developmental Disorders*, Bethesda, v. 46, n. 10, p. 3281-3294, 2016.

SEDGEWICK, F.; HILL, V.; PELLICANO, E. Parent perspectives on autistic girls' friendships and futures. *Autism & Developmental Language Impairments*, Los Angeles, n. 3, [*s. p.*], 2018.

[4] BARNARD-BRAK, L.; RICHMAN, D.; ALMEKDASH, M. H. How many girls are we missing in ASD?: An examination from a clinic-and community-based sample. *Advances in Autism*, Leeds, v. 5, n. 3, p. 214-224, 2019.

[5] CARPENTER, B.; HAPPÉ, F.; EGERTON, J. *Girls and autism*: Educational, family and personal perspectives. Londres: Routledge, 2019.

[6] ZENER, D. Journey to diagnosis for women with autism. *Advances in Autism*, Leeds, v. 5, n. 1, p. 2-13, 2019.

[7] DUVEKOT, J. *et al.* Factors influencing the probability of a diagnosis of autism spectrum disorder in girls versus boys. *Autism*, [*s. l.*], v. 21, n. 6, p. 646-658, 2017.

[8] ALSEHEMI, M. A. *et al.* Public awareness of autism spectrum disorder. *Neurosciences, Riyadh* [Saudi Arabia], v. 22, n. 3, p. 213-215, 2017.

DILLENBURGER, K.; JORDAN, J.; MCKERR, L. Autism spectrum disorder: Public awareness and attitudes. *Research Update*, Belfast, n. 84, [*s. p.*], 2013.

DILLENBURGER, K; JORDAN, J.; MCKERR, L.; DEVINE, P.; KEENAN, M. Awareness and knowledge of autism and autism interventions: a general population survey. *Research in Autism Spectrum Disorders*, Belfast, v. 7, n. 12, p. 1558-1567, 2013.

DURAND-ZALESKI, I.; SCOTT, J.; ROUILLON, F.; LEBOYER, M. A first national survey of knowledge, attitudes and behaviours towards schizophrenia, bipolar disorders and autism in France. *BMC Psychiatry*, Londres, v. 12, n. 128, [*s. p.*], 2012.

STEWART, S. *I exist*: the message from adults with autism in Northern Ireland [recurso on-line]. Belfast: The National Autistic Society Northern Ireland, 2008.

[9] CARPENTER, B.; HAPPÉ, F.; EGERTON, J. *Girls and autism:* Educational, family and personal perspectives. Londres: Routledge, 2019.

[10] CRANE, L.; DAVIDSON, I.; PROSSER, R.; PELLICANO, E. Understanding psychiatrists' knowledge, attitudes and experiences in identifying and supporting their patients on the autism spectrum: Online survey. *BJPsych Open*, Bethesda, v. 5, n. 3, [*s. p.*], 2019.

[11] TROMANS, S.; CHESTER, V.; KAPUGAMA, C.; ELLIOTT, A.; ROBERTSON, S.; BARRETT, M. The PAAFID project: Exploring the perspectives of autism in adult females among intellectual disability healthcare professionals. *Advances in Autism*, Leeds, v. 5, n. 3, p. 157-170, 2019.

[12] TROMANS, S.; CHESTER, V.; KIANI, R.; ALEXANDER, R.; BRUGHA, T. The prevalence of autism spectrum disorders in adult psychiatric

inpatients: a systematic review. *Clinical Practice & Epidemiology in Mental Health*, Bethesda, v. 14, n. 1, p. 177-187, 2018.

[13] STEWARD, R.; CRANE, L.; ROY, E. M.; REMINGTON, A.; PELLICANO, E. Life is much more difficult to manage during periods: Autistic experiences of menstruation. *Journal of Autism and Developmental Disorders*, Bethesda, v. 48, n. 12, p. 4287-4292, 2018.

[14] BURKE, L. M.; KALPAKJIAN, C. Z.; SMITH, Y. R.; QUINT, E. H. Gynecologic issues of adolescents with down syndrome, autism, and cerebral palsy. *Journal of Pediatric and Adolescent Gynecology*, Bethesda, v. 23, n. 1, p. 11-15, 2010.

[15] STEWARD, R.; CRANE, L.; ROY, E. M.; REMINGTON, A.; PELLICANO, E. Life is much more difficult to manage during periods: Autistic experiences of menstruation. *Journal of Autism and Developmental Disorders*, Bethesda, v. 48, n. 12, p. 4287-4292, 2018.

[16] POHL, A. L.; CROCKFORD, S. K.; BLAKEMORE, M.; ALLISON, C.; BARON-COHEN, S. A comparative study of autistic and non-autistic women's experience of motherhood. *Molecular Autism*, Londres, v. 11, n. 1, p. 3, 2020.

[17] MCCARTHY, J.; CHAPLIN, E.; UNDERWOOD, L.; FORRESTER, A. Screening and diagnostic assessment of neurodevelopmental disorders in a male prison. *Journal of Intellectual Disabilities and Offending Behaviour*, [*s. l.*], v. 6, n. 2, p. 102-111, 2015.

[18] HARE, D. J.; GOULD, J.; MILLS, R.; WING, L. *A preliminary study of individuals with autistic spectrum disorders in three special hospitals in England.* Kent: National Autistic Society, 1999.

[19] ESAN, F.; CHESTER, V.; GUNARATNA, I., J.; HOARE, S.; ALEXANDER, R. T. The clinical, forensic and treatment outcome factors of patients with autism spectrum disorder treated in a forensic intellectual disability service. *Journal of Applied Research in Intellectual Disabilities*, Bethesda, v. 28, n. 3, p. 193-200, 2015.

[20] MARKHAM, S. Diagnosis and treatment of ASD in women in secure and forensic hospitals. *Advances in Autism*, Leeds, v. 5, n. 1, p. 64-76, 2019.

CAPÍTULO 2: BARREIRAS AO DIAGNÓSTICO: O NÃO RECONHECIMENTO DE CARACTERÍSTICAS, ESTEREÓTIPOS SOCIAIS E CAMUFLAGEM

Anteriormente, vimos que o transtorno do espectro autista (TEA) é um transtorno do neurodesenvolvimento com prevalência crescente e uma proporção homem-mulher de 4 para 1. Pesquisas têm sugerido que, dentre outros fatores entendidos como barreiras diagnósticas, a discrepância na prevalência pode estar relacionada ao fato de que parte das autistas costumam camuflar suas características. Neste capítulo, vamos abordar os achados de algumas dessas pesquisas, assim como outras barreiras que têm contribuído para o subdiagnóstico do autismo feminino*.

* Grande parte deste capítulo baseia-se nas publicações de Driver e Chester (2021), Estrin et al. (2021), Gabrielsen et al. (2023), Whitlock *et al.* (2020) e Wood-Downie *et al.* (2021). Quando citados em segunda mão, os artigos científicos encontrados nessas publicações serão referenciados no final do capítulo, conforme a numeração indicada.

Em um artigo intitulado *"Barriers To Autism Spectrum Disorder Diagnosis For Young Women And Girls: A Systematic Review"*, Estrin *et al.* (2021)* divulgam uma revisão sistemática de publicações de pesquisas que levantaram as principais barreiras ao diagnóstico feminino. Sem pretensão de esgotar as informações dessa revisão, selecionamos algumas pesquisas mais representativas, cujos achados são suficientes para compor as informações do capítulo, conforme apresentadas logo adiante.

2.1 FALTA DE INFORMAÇÃO SOBRE O TEA FEMININO E INVALIDAÇÃO SOCIAL DO DIAGNÓSTICO

Nessa revisão, encontramos em Watson (2014)[1] uma primeira constatação dessas barreiras: o pesquisador descobriu que os pais percebiam o TEA como um "transtorno de menino", e essa percepção levou a atrasos na identificação dos sintomas em suas filhas. Da mesma forma, Navot, Jorgenson e Webb (2017)[2], em um estudo qualitativo de 11 díades mãe-filha, relataram que as mães expressaram preocupação por não reconhecerem sintomas de TEA em suas filhas. Para

* Estudo realizado no Centro para o Desenvolvimento Cerebral e Cognitivo, Birkbeck, Universidade de Londres, e no Centro de Psiquiatria Social, Genética e do Desenvolvimento, Instituto de Psiquiatria, Psicologia e Neurociência, King's College London, Reino Unido.

tal, apresentaram um exemplo de como elas expressam sua preocupação, por meio do depoimento de uma mãe:

> Eu não a ouvi. Ela apenas dizia como odiava a escola e como odiava visitar meus pais e como tudo é barulhento... Eu a forcei a fazer todas essas coisas. Eu organizei encontros para ela brincar e a forcei a ir e, claro, isso só piorou as coisas. Foi um fracasso total. E então eu fiquei tão brava. Eu fiquei realmente furiosa com ela por anos... Embora as coisas sejam muito diferentes hoje, eu não posso simplesmente apertar o botão "delete" e fingir que isso não aconteceu. Nós duas sabemos que eu não escutei ([participante da pesquisa] Navot, Jorgenson e Webb, 2017 *apud* Estrin *et al.*, 2021, p. 165; tradução nossa). [3]

Além disso, também não é incomum ouvirmos das mães de autistas, tanto na clínica quanto nos diversos espaços sociais, sobre o quanto suas percepções sobre as características do TEA em suas filhas são invalidadas, frequentemente, por pessoas próximas, na família, na escola e até mesmo por alguns profissionais menos experientes. Assim, para aprofundarmos os conhecimentos relativos às percepções sobre as características do TEA, retomamos aqui os resultados de três estudos qualitativos que identificaram as percepções de outras pessoas como uma barreira ao diagnóstico do TEA feminino, com base em entrevistas conduzidas com adolescentes autistas e suas mães[4].

Com base nesses estudos, a problemática da invalidação das características do TEA feminino no entorno social estaria associada à dificuldade de se ter uma filha com um transtorno primariamente associado a meninos, como foi descrita pelas mães na pesquisa de Navot, Jorgenson e Webb (2017). Isso é bem ilustrado neste exemplo:

> A maioria das pessoas, uma vez que eu disse que ela tem Asperger, olhava para mim como se não acreditasse em mim; vivemos em uma cidade pequena. A maioria das pessoas não conhece ninguém que tenha autismo e, se conhecerem, provavelmente será um menino, porque autismo é uma espécie de problema de menino. E minha filha era tão doce, e as pessoas simplesmente diziam: "Qual é o seu problema? Por que você a está rotulando?" ([participante da pesquisa] Navot, Jorgenson e Webb, 2017 *apud* Estrin *et al.*, 2021, p. 465; tradução nossa) [5]

Nesse estudo, a falta de informação sobre o TEA feminino apareceu também como uma barreira para o diagnóstico de mulheres, e os autores descobriram que os pais expressaram preocupações sobre isso, como neste outro exemplo: "Eu tive dificuldade em encontrar informações que me ajudassem, porque ela era uma menina. Tudo o que eu lia era muito sobre meninos. Era tão frustrante e irrelevante. Não havia nada ali que pudesse me ajudar a entendê-la" ([participante de pesquisa] Navot; Jorgenson; Webb, 2017 *apud* Estrin *et al.*, 2021, p. 466; tradução nossa). A falta de informações foi vista, assim, como prejudicial ao processo de diagnóstico, uma vez que, sem informações relevantes e específicas, os pais podem não identificar as características e os padrões comportamentais. Logo, em decorrência, não buscam o diagnóstico para suas filhas.

2.2 BARREIRA FINANCEIRA DE ACESSO AOS SERVIÇOS DE SAÚDE ESPECIALIZADOS

Um outro artigo descreveu os recursos financeiros como uma barreira para os pais americanos. Em grupos focais, esses pais expressaram preocupações sobre a capacidade de custear os serviços para suas filhas adolescentes com TEA (Mademtzi *et al.* 2018)[6]. No contexto brasileiro, essa é uma realidade de muitas famílias, já que o Sistema Único de Saúde (SUS) não dispõe de estratégia nacional focada no diagnóstico e no atendimento de pessoas autistas. Além disso, ainda são poucos os profissionais com a devida experiência para avaliação e diagnóstico precoce de meninas; e, dentre estes, a maioria atua na rede privada, o que dificulta e, certamente, impede o custeio das avaliações por parte das famílias de baixa renda.

2.3 A BARREIRA DO VIÉS CLÍNICO

O viés clínico também foi identificado como uma barreira para mulheres obterem um diagnóstico de TEA em seis estudos envolvendo meninas adolescentes com TEA e seus pais[7].

Em um grande estudo populacional, que usou definição diagnóstica de caso para examinar a prevalência de TEA, Giarelli e colegas (2010)[8] descobriram que os meninos eram mais propensos do que as meninas a terem um diagnóstico, mesmo quando ambos os sexos/gêneros tinham sintomas documentados em registros educacionais e clínicos. Concluíram, assim, que isso pode resultar de um "viés de interpretação", em que as experiências observadas pelos profissionais diferem dos comportamentos esperados por eles para cada sexo/gênero. Esse estudo destacou que, em comparação com meninos, os clínicos que avaliam meninas com um perfil de desenvolvimento complexo podem ser mais propensos a excluir uma classificação de TEA se outras condições estiverem presentes.

No caso do estudo feito por Watson (2014), por exemplo, constatou-se que os pais percebiam os profissionais médicos hesitantes em dar às meninas um diagnóstico de TEA e que, em vez disso, pareciam optar por outros. Por sua vez, Navot e colegas (2017) constataram que os pais também expressaram frustração, porque, mesmo sabendo que sua filha estava se desenvolvendo de forma atípica, não recebiam validação de médicos sobre suas preocupações. Esses pesquisadores exemplificaram essa frustração com este exemplo:

> Nós começamos a levar preocupações para nossa pediatra muito cedo. Muitas vezes diziam "ah, ela é uma pessoa que se desenvolve tarde", mas eu ainda sentia que havia mais coisas acontecendo; eu continuei pedindo para que ela fosse avaliada, mas como ela era uma menina, era ainda menos provável que a pediatra nos encaminhasse. Lembro-me de ela dizendo que isso geralmente é coisa de meninos, e ela é apenas um pouco diferente ([participante da pesquisa] Navot, Jorgenson e Webb, 2017 *apud* Estrin *et al.*, 2021, p. 466; tradução nossa). [9]

Além disso, descobertas de Cridland *et al.* (2014) incluíram relatos de profissionais de saúde relutantes em diagnosticar uma mulher como autista e uma falta de conscientização sobre TEA feminino devido a uma maior incidência percebida em homens.

Em uma pesquisa qualitativa adicional, dessa vez usando grupos focais com famílias, Mademtzi *et al.* (2018) exploraram o impacto do viés clínico e, em seu artigo, relataram o caso de um pai sentindo a necessidade de exagerar as deficiências de sua filha, para obter um diagnóstico: "Senti que precisava fazer minha filha parecer mais prejudicada do que ela realmente era, para obter o diagnóstico, pois precisava de serviços"[10]. Nesse estudo, foi observado que critérios diagnósticos rigorosos (e por que não dizer, limitados e talvez não válidos para a população feminina) também levaram ao diagnóstico tardio, como o caso em que um dos pais disse que sua filha havia sido recusada para o diagnóstico porque estava "dois pontos acima da pontuação de corte".

2.4 O NÃO RECONHECIMENTO DAS CARACTERÍSTICAS NOS CONTEXTOS EDUCACIONAIS

Em sua pesquisa voltada para as questões do diagnóstico tardio e do fenótipo feminino do autismo, Bargiela, Steward e Mandy (2016) conduziram um estudo qualitativo com 14 mulheres diagnosticadas tardiamente para gerar hipóteses sobre o motivo de meninas e mulheres autistas correrem maior risco de sua condição não ser reconhecida. Todos os participantes relataram que, durante a infância, os profissionais tinham consciência de que vivenciavam dificuldades, mas não conseguiram associá-las ao autismo.

Nesse estudo, as participantes sugeriram que os médicos de família (no Reino Unido) e educadores (ou seja, professores qualificados, professores estagiários e assistentes de ensino) muitas vezes não percebiam as características de autismo em mulheres porque acreditavam, erroneamente, que o autismo era uma condição masculina e, portanto, improvável de ocorrer com elas. As participantes sentiram que esses "estereótipos de gênero" reduziam a sensibilidade de médicos e educadores à sintomatologia do autismo em mulheres.

As descobertas ainda destacam o papel fundamental que os educadores desempenham na identificação de dificuldades em crianças, e que eles ajudam a direcioná-las para uma avaliação do autismo. Assim, de acordo com Bargiela, Steward e Mandy (2016), os educadores costumam ser "guardiões da avaliação do autismo e do diagnóstico", mas seu conhecimento sobre o transtorno pode ser limitado, e podem ter dificuldade particular em reconhecê-lo em meninas.

Nesse ponto, vale salientar que, embora não possamos esperar que todos os educadores sejam especialistas em autismo, eles podem desempenhar um papel muito importante, justamente porque têm convivência diária, ao longo de muitas horas, com cada criança. Isso pode facilitar o reconhecimento de características autistas em tempo hábil, uma vez que estão nos encontros de comunicação social mais ricos das crianças (ou seja, no ambiente escolar), antes de elas entrarem na adolescência e fazerem a transição para o Ensino Médio.

Assim, os educadores podem apoiar crianças ao reconhecerem características autistas por meio de diversos caminhos. Isso inclui buscar ajuda dentro da escola (por exemplo, profissionais de apoio a necessidades especiais), consultar psicólogos educacionais ou recomendar aos pais uma visita a um neuropsicólogo, a um analista do comportamento, a uma avaliação com equipe multidisciplinar ou a uma consulta com um médico especialista, neuropediatra ou psiquiatra.

Em outra pesquisa em contexto educacional, Whitlock *et al.* (2020) conduziram um estudo no Reino Unido com 289 educadores do Ensino Fundamental. Ao pedirem a eles para identificarem o autismo, quando apresentadas descrições fictícias de crianças, descobriu-se que tais profissionais eram menos capazes de reconhecer como o transtorno "se parece" em meninas. Além disso, quando dadas descrições idênticas de meninos e meninas autistas, os educadores eram mais propensos a identificá-lo em meninos. Na pesquisa os educadores tinham que ler uma série de quatro vinhetas e responder a perguntas com base no conteúdo de cada uma delas. As quatro vinhetas retratavam crianças fictícias com: (a) o fenótipo do autismo masculino, (b) o fenótipo do autismo feminino, (c) ansiedade de separação e (d) transtorno de déficit de atenção e hiperatividade (TDAH), respectivamente. As duas últimas vinhetas foram usadas como distrações para evitar vieses que surgiriam se os participantes percebessem que o estudo estava focado na identificação do autismo.

Os resultados sugerem que os educadores podem precisar de ajuda extra para melhorar o reconhecimento de meninas no espectro do autismo. Quando foram apresentadas aos participantes vinhetas retratando crianças fictícias, eles foram mais propensos a identificar o transtorno em homens, sendo mais sensíveis ao fenótipo masculino em comparação com o fenótipo feminino de autismo. Também, descobriu-se que o preconceito contra as meninas existe para aquelas que apresentam o fenótipo feminino, ou seja, as que apresentam características específicas do autismo do tipo feminino, mas não para meninas com o fenótipo de autismo masculino (ou seja, mais convencional). Com isso, esse estudo demonstrou, diretamente, um preconceito contra meninas com base apenas no gênero. Tais resultados estão de acordo com os achados relativos às percepções das características autistas das pessoas na população em geral.

2.5 BARREIRAS DOS ESTEREÓTIPOS DE GÊNERO

Pesquisas que investigam estereótipos de gênero têm mostrado que, geralmente, os educadores esperam que os meninos sejam mais agressivos ou assertivos, enquanto as meninas sejam passivas e mais fáceis de gerenciar[11]. Um bom exemplo disso pode ser encontrado na pesquisa feita por Kokkinos, Panayiotou e Davazoglou (2004)[12], que examinaram os efeitos do gênero dos alunos nas percepções dos professores sobre a gravidade de vários comportamentos inaceitáveis. Em seus achados, os pesquisadores descobriram que os professores classificaram comportamentos do tipo "ser sensível", "chorar" e "decepcionar-se facilmente" como sendo mais sérios em meninos, enquanto classificaram comportamentos como "ser verbalmente abusiva" ou "ser fisicamente abusiva" como sendo mais graves em meninas. Pode-se deduzir que educadores não esperam que uma criança do sexo masculino seja passiva e ansiosa, como foi descrita, por exemplo, na vinheta do fenótipo feminino do estudo de Whitlock *et al.* (2020), citado anteriormente. Da mesma forma, podem não esperar que uma criança do sexo feminino seja agressiva com os colegas, conforme descrita na vinheta do fenótipo masculino.

É possível que isso se deva a um viés de expectativa entre os entrevistados. Quando uma condição ocorre com mais frequência em um gênero ou as características têm estereótipos de um determinado gênero, os médicos, certamente, podem exibir um viés diagnóstico de acordo com suas expectativas. Em decorrência, esse estereótipo pode ter moldado (ou influenciado, direcionado) as respostas dos participantes, de tal forma que os profissionais da educação foram influenciados por suas expectativas de que o autismo teria menos probabilidade de estar presente em uma vinheta que descreve comportamentos autísticos, apenas porque tem o nome de uma menina. Para vinhetas de fenótipo feminino com uma protagonista feminina, a equipe educacional informou que, de fato, era "improvável" que procurassem o apoio de um psicólogo educacional ou de um profissional médico, sugerindo que, se fossem "crianças reais", sua escola encaminharia para uma avaliação com um profissional que pudesse fornecer um diagnóstico.

Um outro achado interessante da pesquisa de Whitlock *et al.* (2020) foi que o treinamento específico em autismo, recebido por educadores, teve pouco efeito em sua capacidade de reconhecer o autismo em seus alunos, enquanto as variáveis relacionadas ao contato pessoal com pessoas autistas foram os melhores preditores do reconhecimento do transtorno. Mesmo quando tinham uma experiência bastante limitada de trabalho com crianças autistas (tendo acompanhado quatro ou mais autistas em sua carreira), os educadores conseguiram reconhecer o fenótipo masculino.

No entanto, para o fenótipo feminino, foram necessários níveis mais altos de experiência para impactar o reconhecimento, uma vez que a experiência escolar (quinze ou mais crianças autistas acompanhadas ao longo da carreira) e a pessoal (algum autista na família, por exemplo) foram preditores significativos para que fossem capazes de identificar o transtorno em meninas. Esses achados contribuem para a ideia de que, independentemente do contexto, as experiências de treinamento dos profissionais precisam ter muito mais detalhes, e o contato pessoal com autistas pode ajudar os educadores a se tornarem melhores no reconhecimento do autismo na sala de aula.

No contexto brasileiro, pode-se dizer que essa realidade educacional não é diferente, e ficou claro que essa questão do viés de expectativas constitui mais uma barreira que pode contribuir para a discrepância observada nas taxas de prevalência de autismo diagnosticado em homens e mulheres.Pelo que vimos até aqui, evidencia-se também o quanto os educadores têm um papel importante na identificação de crianças que precisam de uma avaliação de autismo e o quanto as lacunas em seu conhecimento sobre como o transtorno se apresenta em meninas podem constituir mais uma barreira diagnóstica, contribuindo para o subdiagnóstico feminino.

2.6 MASCARAMENTO (MASKING), OU CAMUFLAGEM SOCIAL

Dentre os desafios do reconhecimento das características do TEA em mulheres, temos o que é conhecido nos estudos da área como mascaramento ou camuflagem social (ou ainda, pelo termo em inglês, *masking*). Na pesquisa sobre autismo, a camuflagem é definida como o uso de estratégias comportamentais e/ou cognitivas para se adaptar ou lidar com o mundo social predominantemente não autista[13], mas não é um traço especificamente autista[14].

De fato, é cada vez mais consensual a ideia de que autistas podem esconder suas características ou usar comportamentos compensatórios para mitigar desafios sociais[15]. Em pesquisa sobre essa problemática, conduzida por Lai *et al.* (2019)[16], esse comportamento foi identificado como sendo mais comum em mulheres do que em homens e estaria associado a diferentes processos neurais. De imediato, considerando essas constatações, é razoável deduzirmos que, se comportamentos relevantes para o diagnóstico forem mascarados, isso pode aumentar a possibilidade de diagnóstico tardio ou perdido, constituindo mais uma barreira a ser considerada.

Em pesquisa sobre a camuflagem em homens e mulheres com TEA, Lai *et al.* (2011)[17] informaram que os participantes autistas de ambos os sexos/gêneros não eram diferentes na gravidade dos sintomas básicos da infância, medidos pela "Entrevista diagnóstica para o autismo – Revisada" (ADI-R). No entanto, as mulheres demonstraram menos sintomas atuais na "Escala de observação para o diagnóstico do autismo" (ADOS, na sigla em inglês). Assim, os autores concluíram que os dois grupos eram "igualmente autistas", quando crianças, e especularam que as mulheres podem alcançar mais progresso na capacidade de comunicação social na idade adulta.

Em consonância, uma revisão sistemática de pesquisas empíricas publicadas entre 2009 e 2019, nas bases de dados *PubMed*, *Web of Science*, *PsycInfo* e *Scopus* (Tubío-Fungueiriño *et al.*, 2021), resultou em uma compilação de evidências que apoiam a ideia de que a camuflagem parece ser um mecanismo adaptativo para mulheres autistas, apesar das implicações negativas desses comportamentos em sua vida diária. Outros estudos descrevem a camuflagem como uma forma de os autistas evitarem e – por que não dizer – de se protegerem do *bullying*[18], como um tipo de mecanismo de enfrentamento social[19].

A camuflagem é, provavelmente, uma das maiores barreiras para a identificação do TEA e, possivelmente, um traço com efeitos adversos significativos em termos de problemas de saúde mental concomitantes[20]. Mas, o que seria essa camuflagem?

Basicamente, trata-se da capacidade de esconder dificuldades em situações sociais, sendo considerada uma das principais características do fenótipo feminino do TEA. Também pode ser entendida como estratégias usadas para parecer menos autista em interações sociais[21]. E aqui vale uma observação importante: se, por um lado, a imitação social, ou camuflagem, permite algum nível de sucesso e enfrentamento, por outro pode resultar no fato de algumas mulheres nunca receberem um diagnóstico; essas mesmas mulheres podem não apresentar nenhuma deficiência funcional observável.

A esse respeito, no estudo de Bargiela, Steward e Mandy (2016), foram coletados relatos detalhados de "fingir ser normal" por parte de jovens adultos, que relataram usar estratégias explícitas para se encaixarem na convivência com os colegas. Isso incluía usar frases e expressões faciais aprendidas na TV, em livros e revistas. Ademais, oito mulheres informaram que, quando eram adolescentes, seus colegas eram visivelmente mais avançados em suas habilidades sociais, levando-as a terem dificuldades em fazer amizades e sentimentos de rejeição.

Em outra pesquisa sobre essa temática, Lai *et al.* (2017)[22] conceituaram a camuflagem em adultos autistas ao desenvolverem uma medida que examina a discrepância entre a apresentação comportamental "externa" em contextos interpessoais e o *status* "interno" da pessoa. Na análise, mulheres autistas tiveram maiores pontuações de camuflagem do que homens, independentemente da idade, sugerindo que a camuflagem não é um simples reflexo da experiência de vida. Os autores especularam que as diferenças de sexo/gênero na camuflagem podem ocorrer devido a expectativas baseadas em gênero e socialização. Os autores também observaram que, embora uma maior camuflagem tenha sido encontrada em mulheres autistas, houve variabilidade dentro dos grupos masculino e feminino, com algumas mulheres mostrando pouca camuflagem e alguns homens apresentando maior recorrência da ação. Em razão disso, concluiu-se que a camuflagem não é específica para mulheres e pode refletir diferenças individuais no enfrentamento social.

No entanto, em comparação com homens autistas, é cada vez mais reconhecido que mulheres têm uma capacidade mais forte de imitar comportamentos socialmente aceitáveis, particularmente aquelas que têm maiores habilidades cognitivas, ou seja, inteligência considerada dentro da faixa normal (Allely, 2019b).

A camuflagem tem sido descrita como a razão mais comum pela qual os profissionais de saúde acreditam que os perfis autistas se apresentam de forma diferente entre sexos/gêneros[23]. Em seu estudo, Stark (2019)[24] constatou que meninas autistas são mais motivadas socialmente do que meninos, desejando amizades e um grupo social. Inclusive, relatos autobiográficos escritos por mulheres autistas descrevem o uso de táticas sociais para ajudá-las a lidar com isso[25]. Outra pesquisa também descobriu que algumas meninas autistas usam comportamentos compensatórios para mascarar seus desafios sociais em torno de seus pares, envolvendo passar o tempo "flutuando" entre o engajamento conjunto e o solitário, em comparação com meninas de desenvolvimento típico, que mantiveram o engajamento conjunto enquanto se moviam entre grupos[26].

Podemos ainda citar outras pesquisas cujos achados reforçam a ideia de camuflagem como mais uma barreira diagnóstica do TEA em meninas e mulheres. É o caso, por exemplo, de uma pesquisa que utilizou entrevistas com mulheres com diagnóstico de Asperger e informou a "ecolalia social", ou ato de imitar colegas socialmente habilidosos, como um fator que pode contribuir para o diagnóstico incorreto e o não diagnóstico de mulheres autistas (Beteta, 2008). Outra pesquisa, usando entrevistas, dessa vez com pais, filhas adolescentes autistas e irmãos, sugeriu que mulheres autistas têm menos probabilidade de serem identificadas até que as demandas sociais que vivenciam excedam suas estratégias compensatórias (Watson, 2014). Nessa mesma linha de investigação, em um estudo de Sutherland *et al.* (2017)[27], pais relataram que suas filhas autistas estavam extremamente cientes de suas diferenças em relação aos seus colegas e que, explicitamente, tentavam administrar dificuldades sociais na escola, tornando-se mais quietas ou cautelosas em sua comunicação do que em casa.

Durante entrevistas em pesquisas, os pais ainda descreveram as filhas mascarando seus comportamentos autistas e ajustando seus comportamentos para se encaixarem com seus colegas[28]. Eles sugeriram que meninas autistas tinham menos probabilidade de serem identificadas por seus professores, devido ao mascaramento das diferenças. Um dos pais relatou o seguinte:

> Naquela fase, ela estava se mascarando e se escondendo muito bem, e, embora soubéssemos que havia algo errado, sempre que eu falava com os professores dela na escola primária, eles simplesmente diziam: "ela está bem", sabe, "você está esperando demais, ela está bem" ([Participante de pesquisa] Cook, Ogden e Winstone, 2018 *apud* Estrin *et al.*, 2021, p. 465; tradução nossa).[29]

Na continuidade, retomamos outra pesquisa em contexto escolar, em que Dean, Harwood e Kasari (2017)[30] observaram e compararam a atividade de crianças neurotípicas e com TEA do sexo masculino e do feminino (n = 73; idade média de 7 anos) no parquinho. Evidenciaram, assim, que, ao observarem interações sociais à distância, meninas autistas comportavam-se como meninas neurotípicas, ou seja, passavam uma quantidade significativa de tempo conversando e entrando e saindo de grupos. No entanto, foi somente após uma inspeção mais detalhada da qualidade da interação com os pares que os desafios sociais puderam ser percebidos. Em contraste, foi mais fácil identificar desafios sociais em meninos autistas durante as observações. Os autores argumentaram que usar técnicas de camuflagem para mascarar dificuldades sociais torna as meninas autistas mais vulneráveis e menos propensas do que os meninos a serem identificadas dentro de um ambiente escolar.

Ao aprofundarmos a leitura sobre pesquisas que exploram questões relacionadas com as estratégias de mascaramento social, encontramos um estudo de rastreamento ocular conduzido por Harrop *et al.* (2018)[31], em que foi investigada a atenção visual de crianças autistas em relação a imagens de rostos em comparação a imagens de interesses circunscritos. Na análise, foi constatado que meninas no espectro autista atenderam a rostos de forma semelhante às meninas de desenvolvimento típico, e mais do que meninos. Os autores argumentaram que isso poderia ser um fator de proteção para o funcionamento social, uma vez que um maior interesse em imagens sociais pode aumentar o aprendizado e as habilidades sociais.

Essas evidências são reafirmadas, ainda, por Lehnhardt *et al.* (2016)[32], cuja pesquisa indicou que mulheres autistas tinham maior velocidade de processamento e funções executivas do que homens autistas, o que poderia fornecer dados indiretos para os fundamentos cognitivos relacionados à camuflagem que ajudam no comportamento recíproco e nas habilidades de imitação social.

O equivalente pode ser afirmado com os achados de Tierney, Burns e Kilbey (2016)[33], que entrevistaram dez adolescentes do sexo feminino com autismo para explorarem suas experiências de relacionamentos sociais. Todas as participantes dessa pesquisa revelaram o uso de estratégias de "mascaramento" para parecerem mais socialmente competentes, visto que, frequentemente, eram motivadas por um desejo de amizade. No entanto, as adolescentes informaram que o uso de tais estratégias cognitivamente exigentes resultou em consequências psicológicas adversas. Por exemplo, uma adolescente referiu-se a uma "crise de identidade", atribuída a "fingir ser igual a todo mundo"[34]. O conflito e o estresse descritos por muitas mulheres autistas estão ligados ao desejo de aceitação, à falta de identidade autista e ao esforço intenso para manter uma fachada que não corresponde à "verdadeira" pessoa ou personalidade[35].

Sobre essas consequências adversas, aliás, vários estudos indicam que a tendência das mulheres de mascarar seu autismo tem desvantagens. Conforme nos informa Allely (2019b), sob a superfície da camuflagem, elas podem experimentar altos níveis de estresse subjetivo, ansiedade e exaustão, além de uma necessidade de se recuperar ou "recarregar", retirando-se de qualquer interação social.

Embora o mascaramento possa ajudar as mulheres a "se encaixarem", ele foi descrito como mentalmente exaustivo também por Lai *et al.* (2017). Parecer mais competente socialmente e, em seguida, comportar-se de modos que parecem incomuns para os colegas podem levar as mulheres a serem criticadas e não terem as habilidades ou o conhecimento de como responder a essas situações. Além disso, a camuflagem pode prejudicar também o senso de identidade, visto que se sentem incapazes de expressar quem realmente são (Zener, 2019)[36].

Pelo que foi informado e discutido neste capítulo, vimos que existem várias barreiras que contribuem para que meninas com TEA não recebam diagnóstico precocemente, diretamente relacionadas com os vieses clínicos de gênero e os estereótipos sociais quando as meninas e as mulheres não "parecem" ser autistas. Ao mesmo tempo, e em decorrência disso, podemos reafirmar a necessidade de que sejam desenvolvidas medidas avaliativas para a camuflagem, como também mais pesquisas que explorem os impactos desse fenômeno de "fingir ser normal" na vida pessoal das meninas e mulheres autistas brasileiras, em suas extensões sociais da intersubjetividade, na educação formal e informal, na família, nas parcerias e relações afetivo-amorosas e no trabalho.

Por fim, a ideia do "problema da dupla empatia", trazida por Milton *et al.* (2018)[37], sugere que indivíduos autistas e não autistas podem ter dificuldade em interagir uns com os outros devido às suas diferentes visões de mundo. Isso induz nossos questionamentos a um ponto de reflexão importante: indivíduos não autistas precisam entender as experiências e visões de mundo de indivíduos autistas.

Com isso, acreditamos que o desenvolvimento de uma maior compreensão das diferenças que os indivíduos autistas podem apresentar seria, certamente, indutor de maior aceitação social da neurodiversidade, de modo que, nas suas interações cotidianas, eles sintam menos necessidade de se camuflar.

REFERÊNCIAS BIBLIOGRÁFICAS

[1] WATSON, L. E. *"Living Life in the Moment"*: chronic stress and coping among families of high-functioning adolescent girls with autism spectrum disorder. 2014. 221 f. Dissertação (Mestrado) – Boston College, Boston, 2014; citado por Estrin *et al.* (2021).

[2] NAVOT, N.; JORGENSON, A. G.; WEBB, S. J. Maternal experience raising girls with autism spectrum disorder: a qualitative study. *Child Care Health Dev,* Bethesda, v. 43, n. 4, p. 536-545, jul. 2017; citados por Estrin *et al.* (2021).

[3] [participante da pesquisa]. *In*: NAVOT, N.; JORGENSON, A. G.; WEBB, S. J. Maternal experience raising girls with autism spectrum disorder: a qualitative study. *Child Care Health Dev*, Bethesda, v. 43, n. 4, p. 536-545, jul. 2017; citado por Estrin *et al.* (2021, p. 465); tradução nossa.

[4] COOK, A.; OGDEN, J.; WINSTONE, N. Friendship motivations, challenges and the role of masking for girls with autism in contrasting school settings. *European Journal of Special Needs in Education*, Surrey, v. 33, n. 3, p. 302-315, 2018.

CRIDLAND, E. K.; JONES, S. C.; CAPUTI, P.; MAGEE, C. A. Being a girl in a boys' world: Investigating the experiences of girls with autism spectrum disorders during adolescence. *Journal of Autism and Developmental Disorders*, Bethesda, v. 44, n. 6, p. 1261-1274, 2014.

NAVOT, N.; JORGENSON, A. G.; WEBB, S. J. Maternal experience raising girls with autism spectrum disorder: a qualitative study. *Child Care Health Dev*, Bethesda, v. 43, n. 4, p. 536-545, jul. 2017; citados por Estrin *et al.* (2021).

[5] [participante da pesquisa]. *In*: NAVOT, N.; JORGENSON, A. G.; WEBB, S. J. Maternal experience raising girls with autism spectrum disorder:

a qualitative study. *Child Care Health Dev,* Bethesda, v. 43, n. 4, p. 536-545, jul. 2017; citado por Estrin *et al.* (2021, p. 465); tradução nossa.

[6] MADEMTZI, M.; SINGH, P.; SHIC, F.; KOENIG, K. Challenges of females with autism: a parental perspective. *Journal of Autism and Developmental Disorders*, Bethesda, v. 48, n. 4, p. 1301-1310, 2018; citados por Estrin *et al.* (2021).

[7] BETETA, L. M. A phenomenological study of the lived experiences of adolescent females with asperger syndrome. 2008. 216 f. Dissertação (Mestrado) – College of Education, Walden University, Minneapolis, 2008.

CRIDLAND, E. K.; JONES, S. C.; CAPUTI, P.; MAGEE, C. A. Being a girl in a boys' world: investigating the experiences of girls with autism spectrum disorders during adolescence. *Journal of Autism and Developmental Disorders*, Bethesda, v. 44, n. 6, p. 1261-1274, 2014.

GIARELLI, E. *et al.* Sex differences in the evaluation and diagnosis of autism spectrum disorders among children. *Disability and Health Journal*, Bethesda, v. 3, n. 2, p. 107-116, 2010.

MADEMTZI, M.; SINGH, P.; SHIC, F.; KOENIG, K. Challenges of females with autism: a parental perspective. *Journal of Autism and Developmental Disorders*, Bethesda, v. 48, n. 4, p. 1301-1310, 2018.

NAVOT, N.; JORGENSON, A. G.; WEBB, S. J. Maternal experience raising girls with autism spectrum disorder: a qualitative study. *Child Care Health Dev*, Bethesda, v. 43, n. 4, p. 536-545, jul. 2017.

WATSON, L. E. *"Living Life in the Moment"*: chronic stress and coping among families of high-functioning adolescent girls with autism spectrum disorder. 2014. 221 f. Dissertação (Mestrado) – Boston College, Boston, 2014; citado por Estrin *et al.* (2021).

[8] GIARELLI, E. *et al.* Sex differences in the evaluation and diagnosis of autism spectrum disorders among children. *Disability and Health Journal*, Bethesda, v. 3, n. 2, p. 107-116, 2010; citados por Estrin *et al.* (2021).

[9] [participante da pesquisa]. *In*: NAVOT, N.; JORGENSON, A. G.; WEBB, S. J. Maternal experience raising girls with autism spectrum disorder: a qualitative study. Child Care *Health Dev*, Bethesda, v. 43, n. 4, p. 536-545, jul. 2017; citado por Estrin *et al.* (2021, p. 466); tradução nossa.

[10] [participante da pesquisa]. *In*: MADEMTZI, M.; SINGH, P.; SHIC, F.; KOENIG, K. Challenges of females with autism: a parental perspective. *Journal of Autism and Developmental Disorders*, Bethesda, v. 48, n. 4, p. 1301-1310, 2018; citado por Estrin *et al.* (2021, p. 466); tradução nossa.

[11] GRAY, C.; LEITH, H. Perpetuating gender stereotypes in the classroom: a teacher perspective. *Educational Studies*, Belfast, v. 30, n. 1, p. 3-17, 2004; citados por Whitlock *et al.* (2020).

[12] KOKKINOS, C. M.; PANAYIOTOU, G.; DAVAZOGLOU, A. M. Perceived seriousness of pupils' undesirable behaviours: the student teachers' perspective. *Educational Psychology*, Londres, v. 24, n. 1, p. 109-120, 2004; citados por Whitlock *et al.* (2020).

[13] COOK, J.; HULL, L.; CRANE, L.; MANDY, W. Camouflage in autism: a systematic review. *Clinical Psychology Review*, Bethesda, v. 89, p. 102080, 2021; citados por Gabrielsen *et al.* (2023).

[14] FOMBONNE, E. Camouflage and autism. *Journal of Child Psychology and Psychiatry*, Bethesda, v. 61, n. 7, p. 735-738, 2020; citado por Gabrielsen *et al.* (2023).

[15] GOULD, J.; ASHTON-SMITH, J. Missed diagnosis or misdiagnosis?: Girls and women on the autism spectrum. *Good Autism Practice* (GAP), [*s. l.*], v. 12, n. 1, p. 34-41, 2011.

HULL, L. *et al.* "Putting on my best normal": social camouflaging in adults with autism spectrum conditions. *Journal of Autism and Developmental Disorders*, Londres, v. 47, n. 8, p. 2519-2534, 2017.

LIVINGSTON, L. A.; COLVERT, E.; BOLTON, P.; HAPPÉ, F. Good social skills despite poor theory of mind: exploring compensation in autism spectrum disorder. *Journal of Child Psychology and Psychiatry*, Bethesda, v. 60, n. 1, p. 102-110, 2019.

TIERNEY, S.; BURNS, J.; KILBEY, E. Looking behind the mask: Social coping strategies of girls on the autistic spectrum.

Research in Autism Spectrum Disorders, Londres, n. 23, p. 73-83, 2016; citados por Estrin *et al.* (2021).

[16] LAI, M. *et al.* Neural self-representation in autistic women and association with 'compensatory camouflaging'. *Autism*, Bethesda, v. 23, n. 5, p. 1210-1223, 2019; citados por Estrin *et al.* (2021).

[17] LAI, M. *et al.* A behavioral comparison of male and female adults with high functioning autism spectrum conditions. *PloS One*, São Francisco, v. 6, n. 6, p. e20835, 2011; citados por Driver e Chester (2021).

[18] CAGE, E.; TROXELL-WHITMAN, Z. Understanding the relationships between autistic identity, disclosure, and camouflaging. *Autism in Adulthood*, Bethesda, v. 2, n. 4, p. 334- 338, 2020; citados por Gabrielsen *et al.* (2023).

[19] LAI, M. *et al.* Quantifying and exploring camouflaging in men and women with autism. *Autism*, Bethesda, v. 21, n. 6, p. 690-702, 2017; citados por Gabrielsen *et al.* (2023).

[20] COOK, J.; HULL, L.; CRANE, L.; MANDY, W. Camouflage in autism: a systematic review. *Clinical Psychology Review*, Bethesda, v. 89, p. 102080, 2021; citados por Gabrielsen *et al.* (2023).

[21] HULL, L. *et al.* "Putting on my best normal": Social camouflaging in adults with autism spectrum conditions. *Journal of Autism and Developmental Disorders*, Londres, v. 47, n. 8, p. 2519-2534, 2017; citados por Estrin *et al.* (2021).

[22] LAI, M. *et al.* Quantifying and exploring camouflaging in men and women with autism. *Autism*, Bethesda, v. 21, n. 6, p. 690-702, 2017; citados por Driver e Chester (2021).

[23] TROMANS, S.; CHESTER, V.; KAPUGAMA, C.; ELLIOTT, A.; ROBERTSON, S.; BARRETT, M. The PAAFID project: Exploring the perspectives of autism in adult females among intellectual disability healthcare professionals. *Advances in Autism*, Leeds, v. 5, n. 3, p. 157-170, 2019; citados por Driver e Chester (2021).

[24] STARK, E. A. Autism in women. *Psychologist*, Oxford, v. 32, n. 8, p. 38-41, 2019; citado por Driver e Chester (2021).

[25] DAVIDSON, J. 'In a world of her own...': Re-presenting alienation and emotion in the lives and writings of women with autism. *Gender, Place & Culture*, Londres, v. 14, n. 6, p. 659-677, 2007; citado por Driver e Chester (2021).

[26] DEAN, M.; HARWOOD, R.; KASARI, C. The art of camouflage: Gender differences in the social behaviors of girls and boys with autism spectrum disorder. *Autism*, Bethesda, v. 21, n. 6, p. 678-689, 2017; citados por Driver e Chester (2021).

[27] SUTHERLAND, R.; HODGE, A.; BRUCK, S.; COSTLEY, D.; KLIEVE, H. Parent-reported differences between school-aged girls and boys on the autism spectrum. *Autism*, Bethesda, v. 21, n. 6, p. 785-794, 2017; citados por Driver e Chester (2021).

[28] COOK, A.; OGDEN, J.; WINSTONE, N. Friendship motivations, challenges and the role of masking for girls with autism in contrasting school settings. *European Journal of Special Needs in Education*, Surrey, v. 33, n. 3, p. 302-315, 2018; citados por Estrin *et al.* (2021).

[29] [participante da pesquisa]. *In*: COOK, A.; OGDEN, J.; WINSTONE, N. Friendship motivations, challenges and the role of masking for girls with autism in contrasting school settings. *European Journal of Special Needs in Education*, Surrey, v. 33, n. 3, p. 302-315, 2018; citados por Estrin *et al.* (2021, p. 465); tradução nossa.

[30] DEAN, M.; HARWOOD, R.; KASARI, C. The art of camouflage: gender differences in the social behaviors of girls and boys with autism spectrum disorder. *Autism*, Bethesda, v. 21, n. 6, p. 678-689, 2017; citados por Estrin *et al.* (2021).

[31] HARROP, C.; JONES, D.; ZHENG, S.; NOWELL, S. W.; BOYD, B. A.; SASSON, N. Sex differences in social attention in autism spectrum disorder. *Autism Research*, Bethesda, v. 11, n. 9, p. 1264-1275, 2018; citados por Driver e Chester (2021).

[32] LEHNHARDT, F. *et al.* Sex-related cognitive profile in autism spectrum disorders diagnosed late in life: implications for the female autistic phenotype. *Journal of Autism and Developmental Disorders*, Bethesda, v. 46, n. 1, p. 139-154, 2016; citados por Driver e Chester (2021).

[33] TIERNEY, S.; BURNS, J.; KILBEY, E. Looking behind the mask: social coping strategies of girls on the autistic spectrum. *Research in Autism Spectrum Disorders*, Londres, n. 23, p. 73-83, 2016; citados por Wood-Downie *et al.* (2021).

[34] [participante da pesquisa]. *In*: TIERNEY, S.; BURNS, J.; KILBEY, E. Looking behind the mask: Social coping strategies of girls on the autistic spectrum. *Research in Autism Spectrum Disorders*, Londres, n. 23, p. 73-83, 2016; citados por Wood-Downie *et al.* (2021, [*s. p.*]); tradução nossa.

[35] TIERNEY, S.; BURNS, J.; KILBEY, E. Looking behind the mask: Social coping strategies of girls on the autistic spectrum. *Research in Autism Spectrum Disorders*, Londres, n. 23, p. 73-83, 2016; citados por Gabrielsen *et al.* (2023).

[36] ZENER, D. Journey to diagnosis for women with autism. *Advances in Autism*, Leeds, v. 5, n. 1, p. 2-13, 2019; citado por Driver e Chester (2021).

[37] MILTON, D. *et al.* Double empathy. In: VOLKMAR, F. R. (ed.). *Encyclopedia of autism spectrum disorders*. Londres: Springer Nature, 2018; citados por Wood-Downie *et al.* (2021).

CAPÍTULO 3: HOMENS E MULHERES AUTISTAS: DIFERENTES CARACTERÍSTICAS NA APRESENTAÇÃO DOS CRITÉRIOS DIAGNÓSTICOS

O diagnóstico de autismo em meninas e mulheres é influenciado por aspectos de desenvolvimento, psicológicos, sociais e culturais. Como vimos anteriormente, o conceito de fenótipo feminino do TEA tem sido amplamente discutido e particularmente relevante na abordagem diagnóstica de meninas e mulheres de alto funcionamento, que são habilidosas em camuflar, disfarçar e compensar dificuldades que decorrem de seu autismo.

O diagnóstico do transtorno continua sendo um desafio, em particular quando é considerado na perspectiva de distinção entre os sexos/gêneros masculino e feminino.*

---

* Este capítulo baseia-se, em grande parte, nas publicações de Allely (2019a), Driver e Chester (2021) e Napolitano *et al.* (2022). Quando citados em segunda mão, os artigos científicos encontrados nessas publicações serão referenciados no final do capítulo, conforme a numeração indicada.

3.1 PARTICULARIDADES DISTINTIVAS ENTRE MULHERES E HOMENS AUTISTAS

Para abordarmos, preliminarmente, essa distinção, podemos citar o estudo de Rynkiewicz, Janas-Kozik e Słopień (2019), pesquisadoras de centros de Medicina e de clínica psiquiátrica da Polônia, que lista algumas particularidades entre mulheres e homens autistas:

- ao contrário de meninos e homens autistas, meninas e mulheres têm um desejo mais forte de ter relacionamentos sociais, amizades e estarem entre seus pares.
- mulheres autistas de alta funcionalidade têm comportamento menos prejudicado nas brincadeiras, às vezes têm até habilidades imaginativas superiores e um mundo de fantasia muito rico em comparação com homens autistas.
- elas são mais habilidosas em observar e imitar pares em desenvolvimento típico e imitar seus comportamentos.
- meninas e mulheres autistas têm comportamentos menos estereotipados, restritivos e repetitivos, e seus tópicos particulares de interesse não são tradicional-

mente vinculados à condição do espectro autista no contexto cultural, social e de desenvolvimento.

3.2 COMUNICAÇÃO E INTERAÇÃO SOCIAL

Apesar de o *Manual diagnóstico e estatístico de transtornos mentais* (DSM-5) (American Psychiatric Association, 2014) caracterizar a comunicação social e a interação como centrais para autismo, observou-se que mulheres autistas apresentam menos problemas de comunicação social que os homens, o que pode contribuir para o seu sub-reconhecimento[1]. Por sua vez, Dean, Harwood e Kasari (2017)[2] consideraram que as dificuldades sociais das meninas autistas são menos visíveis em comparação com meninos autistas ou com desenvolvimento típico com tendência a jogar sozinhos, por exemplo. Com isso, infere-se que o isolamento social pode ser ignorado nas avaliações das meninas, levando ao sub-reconhecimento dessas características enquanto sintomas. Um outro aspecto a ser considerado sobre a comunicação e a interação sociais diz respeito às deficiências sutis no comportamento recíproco, que foram identificadas nas relações sociais das meninas. Ao explorarem esse tema, Ommeren *et al.* (2017)[3] observaram que elas apresentaram comportamento mais recíproco do que os meninos autistas, ainda que menor reciprocidade do que seus pares de desenvolvimento típico.

Sabemos que dificuldades em desenvolver e manter relacionamentos são critérios diagnósticos fundamentais para o autismo. Sobre esse aspecto, Sedgewick *et al.* (2019)[4] estudaram as relações de mulheres autistas, constatando quatro pontos negativos que merecem destaque:

- Elas achavam mais difícil interpretar situações sociais.
- tinham tido menos relacionamentos intensos.
- tiveram mais dificuldades em seus relacionamentos do que mulheres não autistas.
- suas experiências negativas em situações interpessoais foram, em grande parte, relacionadas às suas dificuldades com inferência social.

Ainda sobre essa busca de especificidades do autismo feminino, vale salientar o estudo de Sedgewick, Hill e Pellicano (2018)[5], pesquisadoras do Reino Unido, que aborda experiências negativas em situações interpessoais. Nele, constatou-se que pais de meninas autistas reconheceram impactos negativos que as relações entre pares podem ter na saúde mental delas, a vulnerabilidade que elas têm de serem exploradas em relacionamentos íntimos e as melhorias nos relacionamentos de suas filhas ao longo do tempo, que atribuíram ao amadurecimento de habilidades sociais com a idade.

3.3 PADRÕES RESTRITOS E REPETITIVOS DE COMPORTAMENTO, INTERESSES OU ATIVIDADES

Ainda na esteira das diferenças, reportamo-nos ao estudo de Allely (2019a), que fez uma revisão sistemática para identificar estudos que tenham investigado os "comportamentos repetitivos e interesses restritos" (CRIR) em mulheres autistas e as diferenças com o outro sexo/gênero. Dentre os estudos levantados, merecem destaque os seguintes achados:

- Um estudo realizado por Knutsen e colegas (2018)[6] utilizou uma amostra de 1.024 crianças autistas para investigar diferenças de sexo/gênero nos comportamentos repetitivos e interesses restritos com base na observação clínica. Em comparação com homens, aquelas mais jovens com funcionalidade superior e as mais velhas com funcionalidade inferior apresentaram taxas reduzidas na subcategoria comportamentos "anormalmente" repetitivos e estereotipados.

- Um estudo de Antezana e colaboradores (2018)[7] descobriu que os itens que melhor discriminavam o gênero eram comportamentos estereotipados e os itens de interesse restrito nos rapazes, e os de comportamento compulsivo, repetitivo, restrito e comportamentos autolesivos nas moças. Esse estudo é o primeiro a descobrir que as meninas com TEA podem ter comportamentos compulsivos, repetitivos e restritos aumentados.

- Hiller, Young e Weber (2014)[8] identificaram que, em comparação com os homens, os interesses restritos e repetitivos das mulheres eram mais difíceis de categorizar e "identificar como atípicos". Os resultados deste estudo apoiaram a conclusão de que, em comparação com os rapazes, moças autistas exibem menos interesses restritos e outros comportamentos, como alinhar ou ordenar objetos.

- Em uma amostra de 35 homens e 21 mulheres com TEA e irmãos controles não afetados, Bölte e colegas (2011)[9] investigaram a atenção visual aos detalhes (ATTD) e as funções executivas (FE). Com base no *Autism Diagnostic Interview-Revised* (ADI-R) ou no *Autism Diagnostic Observation Schedule* (ADOS), descobriram que as deficiências das FE nos homens estavam correlacionadas com mais CRIR. Os resultados sugerem que os CRIR são mais pronunciados no gênero masculino do que no feminino. Por outro lado, as mulheres autistas apresentaram uma melhor FE, que foi associada a menos CRIR.

- Em um estudo de Supekar e Menon (2015)[10], foram utilizados não apenas julgamento clínico, avaliações psicológicas e comportamentais etc., mas também dados neuroanatômicos. Nessa pesquisa, a análise de dados revelou, pela primeira vez, que as moças e os rapazes com TEA diferem na organização dos sistemas motores corticais e subcorticais, e que a gravidade dos CRIR está associada a diferenças entre os sexos na morfometria da matéria cinzenta em sistemas motores distintos.

3.4 AS DIFERENÇAS ENTRE OS SEXOS/GÊNEROS MASCULINO E FEMININO NOS ESTUDOS MAIS RECENTES

Em um outro estudo, pesquisadores italianos (Napolitano *et al.*, 2022) fizeram um levantamento do estado da arte, revisando as pesquisas recentes "mais significativas que tentaram investigar diferenças em homens e mulheres autistas". Dentre outros achados, destacam-se os seguintes:

- apesar de as ferramentas e técnicas de avaliação terem sido aperfeiçoadas ao longo do tempo, uma parte das meninas com capacidades cognitivas e linguísticas mais elevadas corre o risco de só ser identificada mais tarde, ao longo da vida.
- as mulheres com níveis semelhantes de expressão de sintomas, em relação aos homens, tinham menos probabilidade de receber um diagnóstico de TEA nos serviços clínicos (estudo de base populacional no Reino Unido).
- os meninos/rapazes são geralmente detectados pelos rastreadores de TEA em taxas mais elevadas do que as meninas, embora as diferenças entre os sexos/gêneros nas pontuações de rastreio não sejam tão pronunciadas.
- as mulheres são frequentemente diagnosticadas mais tarde do que os seus pares do sexo masculino, e isso está, possivelmente, relacionado também com a padronização de ferramentas de diagnóstico em amostras masculinas.

- as mulheres costumam apresentar mais sintomas internalizantes do que externalizantes, que podem ser facilmente confundidos com ansiedade ou depressão e não serem percebidos.
- mulheres autistas relataram pontuações significativamente mais altas do que os homens no domínio hiper/hiporreatividade a estímulos sensoriais, especificamente entre indivíduos que foram diagnosticados incorretamente.
- a presença de anormalidades no perfil sensorial entre os critérios diagnósticos mais recentes pode levar a uma melhor taxa de reconhecimento de mulheres autistas.
- durante a infância e a adolescência, alguns estudos demonstraram que as mulheres autistas têm menos probabilidade de apresentar padrões evidentes de interesses limitados e restritos do que os homens.
- considerando as trajetórias de desenvolvimento relacionadas à idade, homens e mulheres autistas antes dos quatro anos de idade parecem não apresentar diferenças de gênero nos sintomas principais.
- a frequência de regressão (ou seja, perda de habilidades linguísticas, motoras ou outras habilidades

previamente aprendidas, que ocorre por volta dos doze meses de idade) parece ser a mesma em meninos e meninas autistas.

- em geral, a trajetória etária dos sintomas principais em crianças autistas não parece variar de acordo com o sexo – as exceções são comportamentos repetitivos e interesses limitados e restritos, mais comuns em meninos com mais de 6 anos.
- há algumas evidências de que as mulheres apresentam comportamentos e interesses limitados e repetitivos que diferem dos homens. A maioria dos meninos é fascinada por brinquedos sobre rodas ou pelo tempo de tela (por exemplo, videogames), enquanto que as meninas mostram, principalmente, obsessões por objetos aleatórios (por exemplo, adesivos, pedras, canetas, animais) e brincam de forma repetitiva com brinquedos.
- as diferenças nos principais sintomas do TEA podem tornar-se mais pronunciadas à medida que a idade dos indivíduos e as influências culturais desempenham um papel maior nas diferenças de gênero, levando a resultados inconsistentes e contraditórios.

- a diferença nos sintomas principais também pode estar relacionada com a mudança nas estratégias de intervenção, que ocorrem entre a primeira infância e o período pré-escolar, em parte devido à transição da intervenção inicial, em casa, para a escolar.
- os resultados de estudos com métodos de quantificação psicometricamente rigorosos (isso é, escalas de avaliação contínua) apoiam diferenças entre os sexos. Ao examinar as diferenças entre os sexos na frequência e na difusão da camuflagem, as mulheres autistas relataram camuflagem com mais frequência e em mais situações.
- meninas autistas apresentaram maior envolvimento com os colegas no parquinho, maior motivação social, maior reciprocidade social e mostraram maior uso de comunicação social pragmática.
- as amizades também podem ser vivenciadas de forma diferente com mulheres autistas, que têm maior probabilidade de serem negligenciadas pelos colegas do que com homens, os quais têm maior probabilidade de serem rejeitados.

3.5 LIMITAÇÕES NA CARACTERIZAÇÃO DAS DIFERENÇAS

Neste momento, acompanhando o que nos informam Napolitano *et al.* (2022), é importante considerar que as investigações sobre diferenças entre homens e mulheres autistas apresentam algumas limitações, sobretudo no que se refere aos tamanhos modestos de amostragem de mulheres. Além disso, há pesquisas que não consideram as habilidades cognitivas e de desenvolvimento (QI), consideradas necessárias para melhor comparar os dois grupos. É preciso ressaltar, ainda, a constatação de que os efeitos dos critérios de QI e de sexo/gênero nas medidas dos sintomas do autismo ainda precisam ser bem documentados e que estudos anteriores não consideraram múltiplas variáveis de desenvolvimento ou não levaram em conta esses fatores simultaneamente.

Conforme os mesmos autores, outro fator que também pode contribuir para a heterogeneidade dos resultados está ligado ao tipo de variáveis levadas em consideração para os sintomas centrais. Para eles, uma grande variabilidade nos resultados de estudos que utilizam um construto amplo, como os critérios do DSM-5, "déficits na interação social e comunicação" e ferramentas de diagnóstico como ADOS-2[11] e ADI-R[12], podem definir o TEA de forma abstrata.

Entende-se então que, em razão de uma metodologia baseada em construtos amplos, as diferenças nos sintomas do autismo, considerados na perspectiva de gênero/sexo, podem não ser detectadas, e, em decorrência, isso poderia potencialmente contribuir para o sub-reconhecimento do TEA nas mulheres. Por outro lado, estudos que usam construtos restritos poderiam ser mais úteis para destacar diferenças específicas. Seriam, por exemplo, aqueles que exploram relacionamento entre pares, atenção social, comportamentos de envolvimento entre pares, comportamentos lúdicos, dificuldade de se envolver em conversas com troca de turnos, uso de olhar atípico, entre outros.

Os resultados das pesquisas sobre diferenças de gênero no autismo e no perfil do autismo feminino precisam ser incorporados aos critérios de diagnóstico, aos instrumentos de triagem e às ferramentas de avaliação. Ao desenvolver questionários psicométricos, com itens que contenham exemplos mais característicos de meninas e mulheres autistas, teríamos resultados mais apurados e uma maior confiabilidade do processo de diagnóstico da população feminina.

Até este momento, nos três primeiros capítulos, buscamos ampliar as informações do leitor sobre a existência de um fenótipo feminino do TEA, as principais barreiras enfrentadas para se chegar a um diagnóstico, no caso das meninas e mulheres, e algumas diferenças entre os sexos/gêneros na apresentação dessa condição.

Na segunda parte do livro, vamos nos deter no processo de avaliação clínica, apresentando nosso modelo, com técnicas e ferramentas disponíveis no contexto brasileiro. Na sequência, detalharemos características clínicas do TEA feminino que extrapolam escalas existentes e, por fim, apresentaremos comorbidades de outros transtornos, abordando as questões de gênero.

REFERÊNCIAS BIBLIOGRÁFICAS

[1] LAI, M. *et al.* Quantifying and exploring camouflaging in men and women with autism. *Autism*, Bethesda, v. 21, n. 6, p. 690-702, 2017; citados por Driver e Chester (2021).

[2] DEAN, M.; HARWOOD, R.; KASARI, C. The art of camouflage: Gender differences in the social behaviors of girls and boys with autism spectrum disorder. *Autism*, Bethesda, v. 21, n. 6, p. 678-689, 2017; citados por Driver e Chester (2021).

[3] OMMEREN, T. B. van; KOOT, H. M.; SCHEEREN, A. M.; BEGEER, S. Sex differences in the reciprocal behaviour of children with

autism. *Autism*, Bethesda, v. 21, n. 6, p. 795-803, 2017; citados por Driver e Chester (2021).

[4] SEDGEWICK, F.; CRANE, L.; HILL, V.; PELLICANO, E. Friends and lovers: the relationships of autistic and neurotypical women. *Autism in Adulthood*, Bethesda, v. 1, n. 2, p. 112-123, 2019; citados por Driver e Chester (2021).

[5] SEDGEWICK, F.; HILL, V.; PELLICANO, E. Parent perspectives on autistic girls' friendships and futures. *Autism & Developmental Language Impairments*, Londres, n. 3, p. 154, 2018; citados por Driver e Chester (2021).

[6] KNUTSEN, J.; CROSSMAN, M.; PERRIN, J.; SHUI, A.; KUHLTHAU, K. Sex differences in restricted repetitive behaviors and interests in children with autism spectrum disorder: An autism treatment network study. *Autism*, Bethesda, v. 23, n. 4, p. 858-868, 2018; citados por Allely (2019a).

[7] ANTEZANA, L.; FACTOR, R. S.; CONDY, E. E.; STREGE, M. V.; SCARPA, A.; RICHEY, J. A. Gender differences in restricted and repetitive behaviors and interests in youth with autism. *Autism Research: Official Journal of the International Society for Autism Research*, Bethesda, v. 12, n. 2, p. 274-283, 2018; citados por Allely (2019a).

[8] HILLER, R.; YOUNG, R.; WEBER, N. Sex differences in autism spectrum disorder based on DSM-5 criteria: Evidence from

clinician and teacher reporting. *Journal of Abnormal Child Psychology*, Bethesda, v. 42, n. 8, p. 1381-93, 2014; citados por Allely (2019a).

[9] BÖLTE, S.; DUKETIS, E.; POUSTKA, F.; HOLTMANN, M. Sex differences in cognitive domains and their clinical correlates in higher-functioning autism spectrum disorders. *Autism*, Bethesda, v. 15, n. 4, p. 497-511, 2011; citados por Allely (2019a).

[10] SUPEKAR, K.; MENON, V. Sex differences in structural organization of motor systems and their dissociable links with repetitive/restricted behaviors in children with autism. *Molecular Autism*, Londres, v. 6, n. 1, p. 50, 2015; citados por Allely (2019a).

[11] LORD, C.; JONES, R. M. Annual research review: Re-thinking the classification of autism spectrum disorders. *Journal of Child Psychology and Psychiatry and Allied Disciplines*, Bethesda, n. 53, p. 490-509, 2012; citados por Napolitano *et al.* (2022).

[12] RUTTER, M.; LE COUTEUR, A.; LORD, C. *Autism diagnostic interview-revised*. Los Angeles: Western Psychological Services, 2003; citados por Napolitano *et al.* (2022).

PARTE 2: AVALIANDO PARA O DIAGNÓSTICO

CAPÍTULO 4: AVALIAÇÃO PSICOLÓGICA: UMA FERRAMENTA IMPRESCINDÍVEL AO DIAGNÓSTICO DO AUTISMO FEMININO

A Avaliação Psicológica é um processo estruturado de investigação de fenômenos psicológicos, composto de métodos, técnicas e instrumentos, com o objetivo de prover informações para uma tomada de decisão. Nesse sentido, é uma ferramenta importante no processo diagnóstico clínico de transtornos, dentre eles, o TEA. A avaliação psicológica é um processo dinâmico e requer um planejamento prévio e cuidadoso, envolvendo a integração de informações provenientes de diversas fontes de informação. Dentre essas fontes, temos testes psicológicos, entrevistas, observações sistemáticas e análises de documentos, tais como exames, relatórios de profissionais que já atenderam o paciente ao longo de seu desenvolvimento, documentos e registros escolares etc.

Entre os tipos de avaliação psicológica, existe a avaliação neuropsicológica, comumente solicitada por médicos responsáveis pelo diagnóstico. Essa avaliação é um procedimento de investigação que se utiliza de entrevistas, observações, provas de rastreio e testes psicométricos para identificar rendimento cognitivo funcional e investigar a integridade ou o comprometimento de uma determinada função cognitiva. Na avaliação neuropsicológica da criança, o profissional investiga diversas funções cognitivas, tais como atenção, memória, praxias, linguagem, percepção, visoconstrução e funções executivas. Para tanto, utilizam-se diversos recursos, como anamnese, entrevista com professores, testes, escalas e informações dos demais profissionais envolvidos com a criança (Malloy-Diniz *et al.,* 2010). O equivalente acontece na avaliação de adultos.

De um modo geral, algumas pessoas autistas de maior suporte não respondem aos testes neuropsicológicos normatizados devido às dificuldades de interação e comprometimento na linguagem. Nesse caso, são úteis a observação e as escalas comportamentais. Em virtude disso – e retomando o que já discutimos nos capítulos anteriores –, a avaliação do TEA, mais do que em outros transtornos, precisa ser individualizada e planejada com base no perfil comportamental, no nível de compreensão e no desenvolvimento da pessoa em questão. Assim concebida, tal avaliação não segue um protocolo único e generalizado para todos os indivíduos. Pelo contrário, precisa ser personalizada, conforme a demanda. Apesar de a avaliação neuropsicológica ser mais conhecida entre os profissionais médicos, em alguns casos, nenhum teste neuropsicológico, ou seja, nenhum instrumento padronizado pode ou será recomendado. Nesses casos, as entrevistas e as técnicas de observação do psicólogo experiente em TEA são soberanas.

Em sua complexidade, as avaliações psicológicas para diagnóstico do TEA precisam contar ainda com diversas fontes de informação, como vídeos do paciente fornecidos pela família, em diferentes contextos, que permitam complementar as observações clínicas, assim como relatos de diferentes informantes. Observações nos contextos familiar (na casa do paciente) e escolar também são muito úteis para que se possa verificar a ocorrência de comportamentos atípicos, desadaptativos e comportamento adaptativo geral do paciente em contexto natural, sem o viés dos informantes.

Feitas essas considerações gerais sobre a avaliação psicológica, passamos à apresentação do modelo de avaliação utilizado em nossa prática clínica. Ele foi desenvolvido entre 2020 e 2024 e devidamente sistematizado com base nos registros de 18 avaliações psicológicas de meninas e mulheres (antes dos 4 anos = 6; 4 a 6 anos = 3; 6 a 12 anos = 2; a partir de 20 anos = 7). Nesse grupo, todas as avaliações tiveram como resultado o diagnóstico de TEA (em diversos níveis, sendo as meninas de até 6 anos diagnosticadas nos níveis 2 ou 3 de suporte, e todas as avaliadas acima de 20 anos, no nível 1 de suporte). Vale informar, ainda, que os laudos psicológicos produzidos tiveram suas hipóteses diagnósticas validadas por diagnóstico médico posterior (neuropediatra ou psiquiatra), conforme informado pelas pacientes adultas ou pelos responsáveis das crianças, conforme o caso.

4.1 ANAMNESE

4.1.1 ANAMNESE DAS MENINAS (DE BEBÊS ATÉ OS 12 ANOS)

A anamnese ocorre no nosso primeiro encontro com a família que procura avaliação. Para assegurar a recuperação de situações e fatos que irão alimentar o diálogo inicial, formulários são enviados, previamente, para os responsáveis, de modo que tenham tempo suficiente para preenchê-los, com calma, e consigam reunir todas as informações necessárias para um levantamento sobre a história do desenvolvimento da criança. O objetivo principal da entrevista de anamnese infantil é conhecer a demanda e a história de vida da criança. Nessa ocasião, iniciamos o diálogo pedindo aos pais que descrevam as principais queixas ou dificuldades atuais, relacionadas ao comportamento, e com que idade eles notaram os primeiros sinais ou sintomas que provocam preocupações.

4.1.2 RESUMO DOS TÓPICOS ABORDADOS NA ANAMNESE DE MENINAS

Durante a coleta de informações, são abordados os seguintes tópicos: ocorrências importantes durante a gravidez ou no nascimento; problemas durante o primeiro ano de vida; marcadores do desenvolvimento motor, do desenvolvimento da linguagem e do desenvolvimento social (presença de sorrisos, expressões faciais, expressões de sentimentos, atenção compartilhada, interesse por brincar e interagir com adultos não familiares e com outras crianças – se prefere crianças da mesma idade ou de outras idades); o brincar (qual sua brincadeira e seus brinquedos favoritos, se manipula objetos e brinquedos de forma repetitiva, se consegue brincar de forma funcional e se apresenta brincadeira simbólica); se demonstra interesse pelo cheiro, pela textura dos objetos etc.; a presença de comportamentos repetitivos, interesses incomuns, apegos a rotinas, manias e rituais; dificuldades sensoriais (texturas, sons e cheiros); nível de independência nas atividades de vida diária; sono; alimentação; histórico familiar de transtornos mentais; histórico escolar e pedagógico; e padrões comportamentais diferentes com diferentes pessoas e espaços sociais.

4.1.3 ANAMNESE DAS ADOLESCENTES E MULHERES

Nosso formulário de anamnese na avaliação das adolescentes e adultas possui duas versões: um de autorrelato, para ser preenchido pela própria paciente, e outro (versão "pais") para ser preenchido por familiar ou amigo próximo. É importante informar que, nos casos avaliados, foi muito comum atender pacientes que tinham histórico de conflitos familiares e que, por isso, não tinham contato com os pais ou irmãos, acarretando a perda de parte da oportunidade de resgatarmos o histórico da primeira infância das pacientes. Nesses casos, para o preenchimento dos formulários da anamnese, contamos com a contribuição de outros familiares, babás, amigos da família (pessoas com quem conviveram durante a infância), e também do(a)s namorados(a)s, do(a)s companheiro(a)s ou do(a)s esposo(a)s dessas pacientes.

Os formulários de anamnese sempre são enviados antes da primeira sessão, devendo ser entregues, preenchidos a mão ou digitados, em nosso primeiro encontro. Com a experiência da prática clínica, observamos que algumas se sentem mais confortáveis e conseguem se expressar melhor escrevendo suas respostas. Posteriormente, ao longo das sessões, na clínica ou on-line, cada tópico dos formulários é retomado e aprofundado em nossas conversas.

Com esse formato de condução do processo de anamnese, sobretudo com o auxílio dos tópicos do formulário, fornecemos previsibilidade à paciente, reduzindo parte do desconforto e da ansiedade de algumas delas. Isso ocorre ao mesmo tempo em que direcionamos a conversa, minimamente, já que praticamente todas as pacientes que avaliamos tinham dificuldade para se expressar livremente, e várias delas, inclusive, disseram que preferiam que lhes fossem feitas perguntas, uma vez que “não sabiam” o que falar.

4.1.4 RESUMO DOS TÓPICOS ABORDADOS NA ANAMNESE DE ADOLESCENTES E MULHERES

- **Histórico do desenvolvimento**: Motor, linguagem e social.

- **Vida ocupacional**: Quando estudou pela última vez; dificuldades ao longo da vida escolar; cursos; profissão; ocupação atual; trabalhos anteriores; há queixas ou tinha queixas relacionadas ao trabalho; se executa trabalhos domésticos; e se tem alguma dificuldade específica.

- **Comportamentos e sentimentos**: Perde ou esquece onde coloca objetos? Dificuldade para se concentrar (em que situação)? Dificuldade para concluir tarefas? Esquece algo que lhe foi falado? Esquece o que estava indo falar ou fazer? Esquece compromissos? Tem algum medo? Tem alguma "mania"? É tímido(a)? E (em que situações)? Já foi ou é agressivo(a) (em que situações)? É dependente? Coloca-se, ou já se colocou, em situações de risco (quando)? É líder ou submisso(a) aos colegas? É agitado(a) e inquieto(a)? Como lida com frustrações? Como lida com limites e regras? Apresentava alguma habilidade especial quando criança (música, desenho, leitura etc.)? Costuma sair e encontrar amigos? Faz amizades com facilidade ou não (o que facilita/dificulta)? Tem amigos (quantos)? Tem irmãos(ãs) (quantos, com que idade)? Como é a relação com eles(as)? Como é a relação com sua mãe? Como é a relação com seu pai? Quando era criança, como eram as relações com outras crianças? Quando adolescente, como eram os contatos/as relações com outras pessoas de sua idade? Já sofreu *bullying* na escola? Se sim, relate. Considera-se solitário(a)? O quanto se julga boa em compreender a expressão facial, o tom de voz e a linguagem corporal das pessoas? As pessoas têm dificuldade para reconhecer o que está sentindo, a partir da sua expressão facial, seu tom de voz ou sua linguagem corporal (como percebe isso)? Tem dificuldade de entender regras sociais, ou seja, como deve se comportar em cada situação? Sabe o que pode ou não ser dito em diferentes situações? Como foi isso durante a vida? Acha que tem dificuldades de entender os sentimentos de outra pessoa? Acha que responde de forma apropriada? É difícil manter o contato ocular com seu interlocutor? Sente algum incômodo quando precisa interagir, mantendo contato visual com alguma pessoa por muito tempo? Compartilha seus sentimentos com outras pessoas? Consegue iniciar uma conversa (tem dificuldades)? Consegue manter uma conversa (tem dificuldades)? Consegue falar sobre assuntos que não lhe interessam? Mantém o assunto que está sendo discutido ou muda para assuntos que lhe interessam? Comente se isso mudou ao longo da vida. Dá espaço para outra pessoa conversar ou fala muito e esquece a outra pessoa? Comente se isso mudou ao longo da vida. Interpreta ou já interpretou, em alguma época da vida, as coisas que as pessoas falam de forma literal? Tem dificuldade de entender metáforas? Comente se isso mudou ao longo da vida. Costuma usar uma linguagem mais formal do que o esperado para a situação? Entende piada ou sarcasmo? Comente se isso mudou ao longo da vida.

- **Sono**: Dorme bem? Quantas horas por noite?
- **Alimentação**: Apresenta ou já apresentou dificuldades com alimentação? Tem "manias" ou restrições alimentares? Pouco apetite? Apetite excessivamente voraz?
- **Saúde geral**: Apresenta algum problema específico de saúde? Teve alguma doença na infância? Já foi hospitalizado(a) (por quê)? Tem algum problema de visão (qual)? Tem algum problema de audição (qual)?

Já teve convulsões, desmaios, ausência? Toma remédio de uso contínuo (qual)?

- **Comportamentos, manias e rituais**: Resistia, ou resiste, a mudanças de rotina? Dê exemplos. Gostava, ou ainda gosta, que as atividades diárias sejam feitas sempre na mesma ordem e no mesmo horário? Dê exemplos. Tem algum ritual? Gosta de fazer coisas seguindo uma ordem determinada e de uma maneira específica? Dê exemplos. Gosta que as coisas fiquem sempre no mesmo lugar e do mesmo jeito, por exemplo, em casa? Dê exemplos. Gosta de usar as mesmas roupas, comer os mesmos alimentos ou ir aos mesmos lugares? Dê exemplos. Como reage quando frustrado(a) ou contrariado(a)? Dê exemplos. É rígido(a) em seus pensamentos, não tem meio-termo (por exemplo, ou é perfeito, ou um fracasso, ou é ótimo, ou tudo péssimo)? Como reage às opiniões contrárias às suas? Tem interesse em demasia por atividades ou temas específicos? Considera-se obcecada por isso? Ao longo da vida, teve interesses específicos que foram mudando ao longo do tempo? Quais?
- **Processamento sensorial**: Comportamentos que tem ou já teve em algum período vida: é muito sensível a

barulho? Costuma tapar os ouvidos ou ter crises em algumas situações? Procura tocar, cheirar ou abraçar, de forma inadequada, pessoas ou objetos? Parece não sentir dor quando sofre um machucado ou não sentir frio? É fascinado(a) por luzes? É incomodado(a) por luzes, como a do Sol (fotofobia)? É muito sensível ao toque? Evita ser abraçado(a)? Não gosta de ser beijada? Tem dificuldades para trocar de roupas e enxugar-se após o banho? Quando criança, teve dificuldades e choros ao cortar e lavar os cabelos ou cortar unhas? Algumas texturas são incômodas (quais)? Apresenta alguma reação à textura de alimentos? Quais reações (por exemplo, enjoo ou ânsia de vômito)? Quais texturas e alimentos?

4.2 OBSERVAÇÃO CLÍNICA

Ao longo das sessões com as pacientes adolescentes e adultas, as perguntas da anamnese norteiam os tópicos da conversa, ajudam a paciente a se lembrar de fatos de sua vida e auxiliam o profissional a observar seus comportamentos na interação, tanto verbais quanto não verbais. Ainda, percebemos que as dificuldades de comunicação e interação social das pacientes emergem nas sessões, naturalmente, e, por isso, precisamos conduzir o processo de modo cuidadoso e respeitoso, de maneira tal que a paciente não entre em sofrimento. Aliás, deve-se ter isso sempre em mente, já que é comum ocorrerem comportamentos autolesivos quando os níveis de ansiedade aumentam (como morder os lábios, arrancar pele dos lábios, coçar-se, arranhar-se, apertar-se e beliscar-se). Nessa ocasião, é importante ressaltar que, por todos os motivos apresentados anteriormente, tanto neste capítulo quanto nos anteriores, é fundamental que as avaliações sejam conduzidas por psicólogos experientes na área do autismo.

A observação clínica dos comportamentos das meninas ocorre por meio da "hora lúdica diagnóstica" no consultório e, posteriormente, em observações em seu ambiente natural, podendo ser em sua própria casa, na escola, ou em ambas, a depender da criança e das circunstâncias da avaliação. No consultório, brinquedos são previamente escolhidos, e procura-se estabelecer um bom relacionamento inicial com as pequenas pacientes. Por meio do uso dos brinquedos e das brincadeiras propostas, avalia-se aspectos relacionados às funções cognitivas e à afetividade, com foco na identificação de comportamentos que se expressam como critérios diagnósticos do TEA (ou outros transtornos, nos casos de comorbidades).

A "hora lúdica diagnóstica" é um procedimento técnico utilizado a fim de conhecer e compreender a realidade da criança em processo de avaliação (Bosa *et al.*, 2017). A brincadeira é parte inerente ao processo avaliativo interventivo na área do desenvolvimento infantil, e o brincar é uma fonte importante de aprendizagem que permite à criança operar diversos objetos e atribuir diferentes significados às suas ações, criando, assim, novas formas de interagir e relacionar-se com os outros. Além disso, a brincadeira envolve a compreensão dos parceiros sociais como agentes dotados de intencionalidade com os quais se compartilha um contexto representacional comum composto por perspectivas e objetivos diferentes.

Crianças autistas apresentam diferenças qualitativas nas habilidades de brincar em relação àquelas com desenvolvimento típico, o que influencia diretamente as ações e os comportamentos delas tanto em situações avaliativas quanto interventivas[1]. Diante desse cenário, a brincadeira constitui a principal ferramenta utilizada pelo avaliador para mediar a interação com a criança, proporcionando um contexto favorável para a emergência de comportamentos a serem analisados.

As sessões são iniciadas sempre em contexto livre, no qual os brinquedos previamente escolhidos ficam dispostos ao alcance da criança. Assim, primeiramente, deixamos a paciente os explorar livremente, de modo que suas ações possam emergir de forma espontânea. Se ela não se aproxima dos brinquedos, nós vamos lhe apresentando um a um, mostrando-lhe possibilidades de brincadeira e exploração dos materiais, com o objetivo de promover seu engajamento. Em um segundo momento, os brinquedos são guardados, e o contexto é dirigido, de maneira que a criança passa a ter acesso a um número menor de brinquedos. São, então, oferecidos objetos à criança, um a um, que visam estimular suas reações sensoriais, como brinquedos sonoros, luminosos, que produzem movimento e que têm texturas diferentes. A maioria têm dispositivos que permitem ser desligados a qualquer momento, para evitar desconforto caso a criança apresente reações negativas diante dos estímulos sensoriais. Nesse contexto, avalia-se a busca por assistência do adulto para acionar os objetos, a exploração atípica, o uso repetitivo dos objetos, assim como os movimentos repetitivos das mãos e ou do corpo (presença de estereotipias).

Um outro aspecto importante nos procedimentos de avaliação é que os brinquedos dispostos à disposição da criança

> devem contemplar objetos propícios à exploração livre e também à brincadeira simbólica (kits de chá, carrinhos, bonecos, mobílias, animais), assim como brinquedos que necessitem do auxílio do adulto para serem operados mecanicamente (eliciar comportamentos de "pedido"). São também recomendáveis jogos de encaixe (quebra-cabeças de tabuleiro) e material gráfico (como lápis de cor ou giz de cera grossos, canetas com tinta lavável e papel tamanho A4 ou maior). Finalmente, é importante haver objetos que estimulem reações sensoriais, incluindo brinquedos sonoros, luminosos e que produzem movimento [...] os brinquedos sonoros devem ser do tipo que se possa desligar a qualquer momento, sem necessidade de esperar pelo término do estímulo (caso a criança reaja negativamente). Os brinquedos de construção que contenham peças pequenas podem ser contraprodutivos e afetar a avaliação, pois a criança tenderá a jogá-los no chão e espalhá-los pela sala, tomando um tempo precioso da avaliação, além do risco de possíveis escorregões. Esse tipo de brinquedo deve ser disponibilizado apenas para as crianças com um nível cognitivo que as permita representar algo simbolicamente. Da

> mesma forma, em nossa experiência, o uso de tintas ou massinha de modelar não tem se revelado adequado na maioria dos casos. Considera-se que o custo é maior do que o benefício, pelo tempo consumido com limpeza e o risco de ser colocado na boca (Kasari e Chang, 2014 *apud* Bosa *et al.*, 2017, p. 94).

Além disso, ao longo do processo da avaliação é muito importante realizar um registro sistemático dos comportamentos observados nas sessões para investigar se existe um padrão estável e se há evolução ou retrocesso em algum aspecto durante as sessões. Frequentemente, como procedimento de coleta e registro de informações, também utilizamos a videogravação das sessões para reanálises posteriores, já que, em alguns casos, as estereotipias ou outros comportamentos repetitivos e estereotipados nas meninas podem ser sutis e passarem despercebidos no momento da interação com a criança.

4.2.1 PRESENÇA DE FIGURAS DE SEGURANÇA NA SALA DE ATENDIMENTO

Dentre os vários procedimentos da avaliação, consideramos importante a presença de um dos pais, ou da pessoa de referência na vida da paciente, na sala de atendimento, já que, na maioria dos casos, ela se mostra mais tranquila na presença de alguém familiar. No caso das meninas pequenas, é um momento em que os pais podem observar comportamentos que, muitas vezes, não são observados em situações no contexto da casa. Para isso, antes do início da primeira sessão, sempre orientamos o(a) acompanhante da criança, explicando-lhe o que vai ser feito durante as sessões de avaliação. Nesse momento, orientamos para que, se a criança buscar ajuda do(a) acompanhante ou quiser interagir com ele(a), que atenda a criança, mas sempre a redirecione a avaliadora, como também orientamos para que se dirija à criança apenas quando ela o buscar ou quando for solicitado pela avaliadora.

4.2.2 DEFINIÇÃO DE HIPÓTESES, ESCOLHA E APLICAÇÃO DE INSTRUMENTOS DE AVALIAÇÃO

Após a sessão inicial de anamnese, já temos um panorama do caso, e é possível escolher os instrumentos a serem aplicados, de acordo com nossa(s) hipótese(s) inicial(ais) e conforme as características da paciente, como faixa etária, habilidades comportamentais e linguísticas que possui etc.

Nas sessões que se seguem, então, podem ser aplicados testes neuropsicológicos e escalas de rastreio de sintomas, ao mesmo tempo em que a observação clínica comportamental permeia todo o processo de avaliação. Eventualmente, outras sessões podem ser agendadas com os pais ou outros familiares, para entrevistas de aplicação das escalas de comportamento e instrumentos de rastreio de sinais e sintomas; em alguns casos, os formulários das escalas podem ser entregues para preenchimento em casa.

Nos próximos tópicos deste capítulo, apresentaremos os instrumentos utilizados em nossas avaliações, separados, didaticamente, por caracterização e objetivos de investigação, tendo em vista uma melhor compreensão de todos os leitores, e não apenas daqueles que atuam nas áreas da psicologia, psiquiatria e neurologia. E aqui é preciso assinalar que todos os instrumentos estão disponíveis em português, a maioria deles validada para a população brasileira ou criada e validada por psicólogos e cientistas do Brasil. Quanto a esse aspecto, aliás, em nossa prática clínica, temos procurado utilizar, de forma sistemática (e valorizar), os instrumentos produzidos por nossos colegas brasileiros. E, em razão disso, o objetivo principal deste capítulo é, justamente, instrumentalizar os profissionais para que vejam que é possível fazer uma avaliação assertiva e de qualidade com os instrumentos disponíveis no País. No final do capítulo apresentamos, em quadros, um resumo de tais instrumentos, separados por blocos de faixa etária de aplicação.

4.3 INSTRUMENTOS PARA AVALIAÇÃO

4.3.1 INSTRUMENTOS PARA INVESTIGAÇÃO DA HABILIDADE COGNITIVA GERAL E INTELIGÊNCIA

Em nosso protocolo, na avaliação de meninas a partir de 6 anos, é aplicada a escala Wechsler de inteligência para crianças – WISC-IV, caso sejam verbais vocais, demonstrem linguagem receptiva sem prejuízos e apresentem-se cooperativas. No caso de meninas menores de 6 anos que não sejam verbais, apresentem prejuízo ou atraso na linguagem receptiva, utilizamos o teste SON-R 2½-7 [a] para mensurar o funcionamento cognitivo.

WISC-IV

O instrumento escala de inteligência Wechsler para crianças (WISC-IV) (Rueda *et al.*, 2014) tem como objetivo avaliar o desempenho cognitivo, a capacidade intelectual e o processo de resolução de problemas em crianças, entre 6 anos e 16 anos e 11 meses. O WISC-IV engloba dez subtestes principais e cinco suplementares. Os principais, que abrangem os quatro índices, fornecem as pontuações do QI Total. É um teste padrão-ouro, um instrumento clínico que pode ajudar a diagnosticar potenciais problemas nos processos cognitivos e ser usado para determinar se há necessidade de uma intervenção, como acompanhamento pedagógico ou tratamento psicológico.

A aplicação desse teste na população autista exige muita experiência do avaliador, e algumas adaptações são necessárias, como a necessidade de mais tempo para aplicar cada subteste. Geralmente, os pacientes levam um tempo maior para se engajarem nas atividades propostas, precisando de pausas para autorregulação ou descanso.

SON-R 2½-7 [a]

O teste não verbal de inteligência (SON-R 2½-7 [a]) (Laros, Jesus e Karino, 2013) tem por objetivo a avaliação geral do desenvolvimento e das habilidades cognitivas. Por meio de quatro subtestes, avalia habilidades espaciais e visomotoras e o raciocínio abstrato e concreto. Os subtestes podem ser agrupados em dois tipos: testes de raciocínio ("Categorias" e "Situações") e testes de execução com enfoque espacial e visomotor ("Mosaicos" e "Padrões").

O instrumento é destinado a crianças entre 2 anos e 6 meses a 7 anos e 11 meses. Foi desenvolvido especialmente para reduzir a influência do fator verbal e da escolaridade na avaliação das habilidades cognitivas. Desse modo, sua aplicação é adequada para crianças que têm necessidades especiais na linguagem, fala ou comunicação, no caso, por exemplo, aquelas com deficiências, como surdez, autismo e transtornos de desenvolvimento social. Além disso, o teste é adequado para imigrantes cuja primeira língua é diferente da falada no lugar em que estão morando.

Esse tem sido um teste de primeira escolha em nossas avaliações quando há suspeita de autismo, já que ele permite uma avaliação ampla do funcionamento mental da criança, sem depender da intermediação das habilidades linguísticas (que, geralmente, são impactadas no TEA). O SON-R 2½-7 [a] é recomendado, ainda, para as crianças com atrasos no desenvolvimento cognitivo e/ou que são difíceis de ser testadas, uma vez que os materiais são atrativos, as tarefas são diversificadas e diversos exemplos são fornecidos. Ademais, é dada à criança a oportunidade de ser ativa, além de lhe ser disponibilizada ajuda nos casos de respostas incorretas.

WAIS-III

A escala de inteligência Wechsler para adultos – WAIS-III (Wechsler e Nascimento, 2004) é um dos mais importantes instrumentos para avaliação clínica da capacidade intelectual, considerado padrão-ouro. Pode ser utilizado para mensurar a avaliação de rendimento escolar, problemas de aprendizagem e identificação de indivíduos excepcionais e superdotados, além do diagnóstico diferencial de transtornos neurológicos e psiquiátricos.

Além do instrumento para avaliação do QI, o profissional tem à sua disposição informações quantitativas de "QI Verbal", "QI de Execução", "QI Total", "Índice de Compreensão Verbal", "Organização Perceptual", "Memória Operacional" e "Velocidade de Processamento".

WASI

A escala Wechsler abreviada de inteligência – WASI (Wechsler, 2014) visa atender a necessidade de uma medida breve de inteligência. É um instrumento de avaliação de crianças de 6 anos até idosos de 89 anos. Esse instrumento fornece os tradicionais escores de "QI Verbal", "QI de Execução" e "QI Total", a partir de quatro subtestes: "Vocabulário", "Cubos", "Semelhanças" e "Raciocínio Matricial". A WASI constitui uma forma rápida de estimar o funcionamento cognitivo geral, verbal e não verbal do indivíduo.

Entre suas principais aplicações, está a estimativa cognitiva na avaliação de problemas de aprendizagem, no contexto psicoeducacional, no diagnóstico diferencial de transtornos neurológicos e psiquiátricos e no planejamento de programas de reabilitação (neuro)cognitiva.

SON-R 6-40

De acordo com Laros *et al.* (2022), o teste não verbal de inteligência (SON-R 6-40) representa a habilidade cognitiva geral do indivíduo relativa à sua idade, na faixa etária de 6 a 40 anos, resultando em um Coeficiente de Inteligência (QI SON). O teste é realizado por meio da aplicação de quatro subtestes: "Mosaicos" e "Padrões", que fornecem o escore de habilidade espacial e raciocínio fluido, e "Categorias" e "Analogias", que são testes de raciocínio abstrato.

O QI-SON compreende a inteligência fluida, com raciocínio abstrato e espacial (habilidade de identificar relações, compreender implicações e extrair inferências dentro de um conteúdo novo). Essa inteligência depende pouco do conhecimento adquirido (inteligência cristalizada). Por ser um teste não verbal de inteligência, avalia habilidades cognitivas sem envolver linguagem oral ou escrita e, por isso, tem se mostrado um excelente instrumento na avaliação neuropsicológica de pacientes autistas adultos.

4.3.2 INSTRUMENTOS PARA INVESTIGAÇÃO DAS FUNÇÕES NEUROPSICOLÓGICAS

NEUPSILIN-Inf

O instrumento de avaliação neuropsicológica breve para crianças (NEUPSILIN-Inf) (Salles *et al.*, 2016) é um instrumento que avalia componentes de oito funções neuropsicológicas, por meio de 26 subtestes: orientação, atenção, percepção visual, memórias (de trabalho, episódica, semântica), habilidades aritméticas, linguagem oral e escrita, habilidades visoconstrutivas e funções executivas. Considera características sociais, culturais e linguísticas da população brasileira, visando fornecer um perfil breve do funcionamento de processos neuropsicológicos, de caráter quantitativo e qualitativo, para ser relacionado com a saúde comunicativa e mental do avaliado. Contribui para a descrição cognitiva associada a diagnósticos em transtornos do neurodesenvolvimento, em geral, e da aprendizagem, em particular, quando aliado ao resultado de outros instrumentos e demais procedimentos no processo de avaliação neuropsicológica.

NEUPSILIN

O instrumento de avaliação neuropsicológica breve (NEUPSILIN) (Fonseca; Salles; Parente, 2009) é uma ferramenta que descreve, de forma compreensiva, o desenvolvimento neuropsicológico ao longo do ciclo vital, da adolescência ao envelhecimento (entre 12 e 90 anos), tanto de indivíduos neurologicamente saudáveis quanto daqueles com quadros neurológicos (ou neuropsiquiátricos) adquiridos ou de desenvolvimento. O teste é composto por 32 subtestes que avaliam oito funções neuropsicológicas: "Orientação temporoespacial", "Atenção concentrada", "Percepção visual", "Habilidades aritméticas", "Linguagem oral e escrita", "Memória verbal e visual", "Praxias" e "Funções executivas".

BPA

O instrumento bateria psicológica para avaliação da atenção (BPA) (Rueda, 2013) tem por objetivo mensurar a capacidade geral de atenção, bem como realizar uma avaliação de tipos de atenção específicos, quais sejam: Atenção Alternada (AA), Atenção Concentrada (AC) e Atenção Dividida (AD). Esse teste é utilizado apenas quando há suspeita de diagnóstico comórbido ou para realizar o diagnóstico diferencial de transtorno de déficit de atenção e hiperatividade.

É importante frisar que foi elaborado com base em uma amostra de mais de 150 mil pessoas, entre crianças, adolescentes, adultos e idosos. O instrumento apresenta normas para todos os estados brasileiros e o Distrito Federal, além de normas separadas para as cinco regiões do Brasil. Pode ser aplicado em indivíduos entre 6 e 94 anos, de ambos os sexos e com diferentes níveis de escolaridade.

Figuras Complexas de Rey

O teste figuras complexas de Rey (Rey, 2014) é aplicável a partir dos 4 até os 88 anos. Ele avalia as funções neuropsicológicas de percepção visual e memória imediata, em duas fases, de cópia e de reprodução de memória, verificando assim o modo como o sujeito apreende os dados perceptivos que lhe são apresentados e o que foi conservado, espontaneamente, pela memória.

A cópia de figuras é uma técnica psicológica muito utilizada, de baixo custo e fácil aceitação por parte dos indivíduos, sendo um dos instrumentos mais reconhecidos na literatura internacional dessa temática, sobretudo na área da neuropsicologia.

FDT

O teste de cinco dígitos (FDT) (Sedó; De Paula; Malloy-Diniz, 2015) é um teste multilíngue de funções executivas, baseado em conhecimentos linguísticos mínimos: a leitura dos dígitos de 1 a 5 e a contagem de 1 a 5. O instrumento utiliza essas quantidades como simples unidades cognitivas recorrentes dentro de tarefas de dificuldade crescente, o que permite medir a velocidade e a eficiência mental do indivíduo, além de identificar, imediatamente, a diminuição na velocidade e na eficiência, característica dos indivíduos com transtornos neurológicos ou psiquiátricos.

É composto por quatro partes: "Leitura", "Contagem", "Escolha" e "Alternância". As duas primeiras medem processos simples e automáticos, enquanto as duas últimas medem processos mais complexos, que requerem um controle mental ativo. O FDT auxilia na detecção de problemas de linguagem, de aprendizagem e de memória operacional, em populações de crianças (a partir dos 6 anos), adolescentes e adultos.

4.3.3 INSTRUMENTOS DE RASTREIO DE SINAIS E SINTOMAS DO TEA (VALIDADOS E DISPONÍVEIS NO BRASIL)

SRS-2

O instrumento escala de responsividade social (SRS-2) (Constantino e Gruber, 2021) é destinado a triar e quantificar traços do TEA, bem como a classificá-los em níveis leve, moderado ou severo, podendo ser facilmente preenchido por pais e professores, como também pelo próprio paciente.

Há quatro tipos de formulários, e sua escolha depende da idade do examinando: "Pré-escolar", para idades de 2 anos e 6 meses até 4 e 6 meses; "Escolar", para idades de 4 anos até 18 anos; "Adulto – Autorrelato", para idades a partir de 18 anos; e "Adulto – Heterorrelato", para idades a partir de 18 anos de idade.

Esse instrumento pode ser utilizado para iniciar processos de rastreio, na sessão inicial, por exemplo, sendo uma ferramenta complementar importante para o raciocínio clínico do profissional, apoiando sua tomada de decisão. Seus formulários agrupam os sintomas em subcategorias, compatíveis com o DSM-5, e considera itens referentes a:

- **"Percepção social":** capacidade de reconhecer pistas sociais e lidar com os aspectos da percepção do comportamento social recíproco.
- **"Cognição social":** capacidade de interpretar as pistas sociais após reconhecê-las e lidar com o aspecto cognitivo-interpretativo do comportamento social recíproco.
- **"Comunicação social":** capacidade de comunicação expressiva, lidando com os aspectos motores do comportamento social recíproco.
- **"Motivação social":** grau em que as pessoas geralmente são motivadas a se engajar em comportamento sociointerpessoal.
- **"Padrões restritos e repetitivos":** presença de comportamentos estereotípicos característicos de TEA e áreas de interesse muito limitadas.

- "Comunicação e interação social": capacidade de reconhecer e interpretar sinais sociais, assim como a capacidade de motivação para o contato interpessoal social expressivo.

M-CHAT-R/F

O questionário modificado para a triagem do autismo em crianças entre 16 e 30 meses (M-CHAT-R/F) (Robins, Fein e Barton, 2009) é um instrumento de triagem em dois estágios, baseado no relato dos pais, para avaliar risco de TEA. O formulário e as instruções de pontuação podem ser encontrados no sítio eletrônico [http://www.mchatscreen.com], gratuitamente, assim como outros documentos correlatos.

O principal objetivo é detectar o máximo possível de casos de TEA. Por se tratar de um instrumento de triagem, e não de diagnóstico, nem todas as crianças que pontuam serão, necessariamente, diagnosticadas com TEA, ou vice-versa. No entanto, os resultados podem apontar para existência de outros transtornos de desenvolvimento, como atraso da linguagem. No caso de pontuação total entre 8-20, que indica risco elevado para o TEA, não é necessário fazer a consulta de seguimento, e a criança deve ser encaminhada, imediatamente, para avaliação diagnóstica e intervenção precoce.

A Sociedade Brasileira de Pediatria recomenda esse instrumento aos pediatras e a todos os profissionais da saúde, em um documento científico de 2017, como também informa a recomendação da Academia Americana de Pediatria, para que toda criança seja submetida a uma triagem para o TEA, entre os 18 e 24 meses de idade. Segundo orientações desse documento,

> nos casos de escores positivos, ou de suspeita de atraso nos marcos do neurodesenvolvimento e na interação social, é fundamental o encaminhamento para avaliação especializada por médico especialista e equipe interdisciplinar. A estimulação precoce é fundamental, tanto para auxiliar o desenvolvimento cerebral de forma mais saudável possível, quanto para esclarecer e dar apoio educativo aos pais e/ou cuidadores (Sociedade Brasileira de Pediatria, 2017, p. 2).

PROTEA-R

O protocolo de avaliação comportamental para crianças com suspeita de transtorno do espectro autista (PROTEA-R)

(Bosa e Salles, 2018) é um instrumento de observação, composto por 17 itens, que se destina a avaliar a qualidade e a frequência de comportamentos característicos do TEA (isso é, comprometimentos sociocomunicativos e a presença de comportamentos repetitivos e estereotipados). Esse protocolo aplica-se a crianças pré-escolares, situadas na faixa de idade entre 18 e 48 meses, com suspeita do transtorno, especialmente aquelas não verbais.

A avaliação proposta no PROTEA-R contém três sessões de observação, com 45 minutos de duração cada, e envolve tanto uma situação de brincadeira livre quanto uma estruturada. Esse instrumento envolve descrições qualitativas e mensuração quantitativa do comportamento infantil (frequência).

O manual trata de como realizar a observação da criança em situação de brincadeira e apresenta as instruções para a administração e a codificação (pontuação). Para isso, aborda a forma mais adequada de apresentar os objetos/brinquedos para a criança e de propor situações interativas, bem como de manejo das reações infantis negativas. Apresenta, ainda, orientações práticas para uma adequada condução das entrevistas, expondo algumas situações que comumente ocorrem nesse contexto.

O protocolo *PROTEA-R* avalia:

- **"Comportamentos sociocomunicativos":** comportamentos de iniciativa e resposta de atenção compartilhada, imitação, engajamento social, sorriso, busca e resposta ao contato físico-afetivo, busca de assistência e protesto/retraimento a interação.
- **"Qualidade da brincadeira":** ações referentes à exploração de brinquedos, forma de exploração, coordenação visomotora, brincadeira funcional e simbólica.
- **"Movimentos repetitivos e estereotipados do corpo":** movimentos repetitivos de mãos e outras partes do corpo e comportamentos autolesivos.

4.3.4 INSTRUMENTOS PARA INVESTIGAÇÃO DO FUNCIONAMENTO ADAPTATIVO

Vineland-3

O instrumento escala de comportamentos adaptativos (Vineland-3) (Sparrow, Cicchetti e Saulnier, 2019) é utilizado, mundialmente, para avaliar o comportamento adaptativo das pessoas desde o nascimento até a idade adulta (90 anos), com possível déficit intelectual e/ou transtorno de desenvolvimento.

O instrumento consiste em entrevistas semiestruturadas em formato de questionário. A Vineland-3 brasileira conta com três formulários de aplicação: "Formulário de Entrevista", com escores normativos para todas as idades; "Formulário de Pais/Cuidadores", com escores normativos para todas as idades: e "Formulário dos Professores", com dados normativos para pacientes de 3 a 21 anos de idade. Cada um dos formulários da escala está disponível em uma versão "extensiva" (mais longa) e uma versão de "níveis e domínio" (mais curta).

Em termos gerais, os itens das entrevistas referem-se a: atividades de vida diária (que envolvem ter autossuficiência em tarefas, como alimentar-se, vestir-se, tomar banho, cuidar da higiene e ter cuidados de saúde; realizar tarefas domésticas, como guardar o que utilizou, fazer trabalhos domésticos e preparar refeições; funcionar no mundo fora de casa, incluindo zelar pela própria segurança, utilizar dinheiro, viajar, ter noção de seus direitos e responsabilidades); socialização (envolve responder aos outros e relacionar-se com eles, incluindo manter amizades, preocupar-se, demonstrar adequação social e manter conversação; envolver-se em brincadeiras e atividades divertidas com os outros; demonstrar controle comportamental e emocional em situações diversas, envolvendo outras pessoas); as habilidades motoras (envolvem a coordenação motora grossa – habilidades físicas no uso das pernas e dos braços –, para movimentos e coordenação no cotidiano, e a coordenação motora fina – habilidades físicas no uso das mãos e dos dedos –, para manipular objetos no cotidiano).

Os principais domínios mensurados pela escala são: "Comportamento adaptativo"; "Comunicação"; "Habilidades cotidianas"; "Socialização"; "Habilidades motoras" e "Comportamentos mal adaptados".

Quando associada aos testes de inteligência, a Vineland-3 fornece dados que ajudam no diagnóstico de deficiências intelectuais e de neurodesenvolvimento, além de contribuir com uma visão geral das forças e fraquezas do examinando, informações valiosas para a elaboração de planos educacionais e de intervenção.

AFLS

Idealizada por Partington e Mueller (2012), a avaliação das habilidades de vida funcionais (AFLS) é um sistema de rastreamento de habilidades, que serve também de guia curricular para o desenvolvimento de intervenções em habilidades essenciais para alcançar a independência. Contém análises de tarefas de muitas das habilidades essenciais para a participação do indivíduo em uma ampla gama de ambientes: familiares, escolares, comunitários e de trabalho.

Abrange mais de 1.900 habilidades úteis de vida diária, em 66 áreas de habilidades funcionais, e pode ser usada para demonstrar o atual repertório de habilidades funcionais do paciente, além de fornecer informações de rastreamento para o desenvolvimento progressivo delas a partir dos 2 anos de idade.

Existem seis protocolos de avaliação: "Avaliação de habilidades básicas de vida", "Avaliação de habilidades domésticas", "Avaliação da participação comunitária", "Avaliação de habilidades escolares", "Avaliação independente de vida" e "Protocolo de avaliação de habilidades vocacionais".

4.3.5 INSTRUMENTOS PARA INVESTIGAÇÃO DE ATRASO NOS MARCADORES DE DESENVOLVIMENTO INFANTIL

IDADI

O inventário dimensional de avaliação do desenvolvimento infantil (IDADI) (Silva; Mendonça Filho e Bandeira, 2020) é um instrumento multidimensional de avaliação do desenvolvimento infantil (de 4 a 72 meses de idade), com foco em sete domínios: "Cognitivo", "Socioemocional", "Comunicação e linguagem receptiva", "Comunicação e linguagem expressiva", "Motricidade ampla", "Motricidade fina" e "Comportamento adaptativo".

O inventário inclui itens que descrevem comportamentos e habilidades esperadas para cada faixa etária e podem ser respondidos pelos pais ou responsáveis. Dentre suas principais aplicações, destacam-se a avaliação de suspeita de atrasos ou de transtornos do neurodesenvolvimento, o monitoramento longitudinal do desenvolvimento infantil e o acompanhamento da efetividade ou da eficácia de intervenções na primeira infância.

***Checklist curriculum* do modelo Denver**

O livro *Intervenção Precoce em crianças com autismo – Modelo Denver para a promoção da linguagem, da aprendizagem e da socialização* (Rogers e Dawson, 2014), baseado no Modelo Denver de intervenção precoce em crianças com autismo (ESDM), ensina a intervir, de forma abrangente, em bebês e crianças de idade pré-escolar.

O *checklist curriculum* ESDM, que se encontra descrito nessa publicação, é um formulário de avaliação de desenvolvimento que abrange os seguintes domínios: "Comunicação receptiva e expressiva", "Competência de jogo", "Imitação", "Competências sociais", "Atenção compartilhada", "Motricidade fina", "Motricidade grossa" e "Independência pessoal". Os níveis de desenvolvimento são divididos por faixa etária: "Nível 1" (12-18 meses); "Nível 2" (18-24 meses); "Nível 3" (24-36 meses); e "Nível 4" (36-48 meses).

Esse instrumento tem sido amplamente utilizado em nossa prática clínica no contexto de avaliação para início de intervenção comportamental precoce, baseada em Análise do Comportamento Aplicada. Ele tem se mostrado bastante útil no acompanhamento do desenvolvimento de bebês e meninas pequenas com suspeita do TEA, fazendo parte dos instrumentos utilizados na elaboração de nossos laudos psicológicos.

4.3.6 INSTRUMENTO PARA INVESTIGAÇÃO DO PROCESSAMENTO SENSORIAL

Na atualização dos critérios diagnósticos do TEA, o *Manual diagnóstico e estatístico dos transtornos mentais*, DSM-5-TR (*American Psychiatric Association*, 2023) inclui, no critério B, "comportamentos restritos e repetitivos", a hiper ou hiporreatividade a estímulos sensoriais ou interesses incomuns em relação aos diferentes aspectos do ambiente. Isso se dá, por exemplo, por meio de: indiferença aparente a dor e temperatura, respostas negativas a sons e texturas específicas, cheirar ou tocar algo excessivamente ou fascinação visual por luzes ou determinados movimentos, como objetos que giram, entre outros. Traços comuns incluem a seletividade alimentar, andar nas pontas dos pés, dificuldades para dormir e comportamentos autoagressivos.

A literatura científica sobre o tema[2] informa que existe uma prevalência entre 30% a 100% de alterações no processamento sensorial em indivíduos com TEA e que os autistas processam sua relação com o mundo e com os outros de forma diferente. A esse respeito, para uma informação mais precisa e detalhada, recorremos a Orsati (2017), que nos informa o seguinte:

Para pessoas com TEA, a modulação dos estímulos encontrados no ambiente não está balanceada. Isso significa que a ativação e a inibição de funções sinápticas (sistema GABA) que intermedeiam a entrada (*input*) de informações do ambiente não são organizadas eficientemente (Pizzarelli e Cherubini, 2011)[3]. Por esse motivo, as pessoas sentem-se inundadas com informações que não são filtradas, ou, no sentido contrário, o *input* do ambiente não ativa as funções cerebrais apropriadas apropriadamente e o seu processamento se desorganiza. Tais características nos dão pistas, por exemplo, do motivo de pessoas com autismo, quando inundadas com informações, como sons ou luzes, cobrirem os ouvidos, saírem ou evitarem ambientes, ou ainda engajarem-se em atividades repetitivas para se desligarem dos estímulos ao seu redor. Por outro lado, essa dificuldade de liberação sináptica pode explicar uma necessidade de procura maior a estímulos sensoriais, como olhar e cheirar de perto, ou atividades de autoestimulação, entre outros. Tal hipótese está alinhada à ideia de que há um limiar ideal de estimulação sensorial, e indivíduos com baixos limiares desenvolvem padrões de comportamento passivos ou de evitação, pois estão facilmente saciados com os estímulos sensoriais disponíveis. Em indivíduos com altos limiares de ativação, os *inputs* sensoriais regulares do ambiente não são suficientes, portanto, seu padrão de comportamento é de busca, com alto nível de excitabilidade e atividade (Caminha, 2009; Dunn, 1999; Tomcheck, Dunn, 2007)[4] (Orsati, 2017, p. 208).

Perfil Sensorial 2

O modelo de processamento sensorial (Dunn, 2017) considera que existem quatro tipos de respostas comportamentais, que se manifestam por procura sensorial, recusa sensorial, sensibilidade sensorial e registro sensorial, referindo-se aos indivíduos com características de perfil explorador, esquivador, sensível e observador, respectivamente. Assim, por meio da aplicação dos instrumentos do kit perfil sensorial 2, é possível verificar o perfil da criança, classificando-a, assim, como tendo um desempenho sensorial típico ou atípico, identificar qual sistema está dificultando seu desempenho funcional, além de categorizá-la por perfil.

Esse instrumento é composto por um conjunto de questionários baseados no julgamento do cuidador e do professor. O questionário "Perfil Sensorial 2 do Bebê" pede aos cuidadores que preencham 25 itens sobre seus bebês, desde o nascimento até os 6 meses de idade, e o "Perfil Sensorial 2 da Criança

Pequena" pede aos cuidadores que preencham 54 itens sobre suas crianças pequenas, desde 7 meses até 35 meses de idade. O questionário "Perfil Sensorial 2 da Criança", por sua vez, avalia crianças com idades entre 3 anos e 14 anos e 11 meses, e os cuidadores também preenchem seus 86 itens.

O "Perfil Sensorial 2 Abreviado" avalia crianças com idades entre 3 anos e 14 anos e 11 meses, e seus itens são provenientes do questionário do cuidador (referente ao "Perfil Sensorial 2 da Criança"). Para ser preenchido pelo(s) cuidador(es) da criança, esse questionário possui 34 itens altamente discriminativos e concebidos para fornecer informações rápidas para programas de triagem e de pesquisa. Por fim, o "Perfil Sensorial 2 Acompanhamento Escolar" destina-se à avaliação de crianças da mesma faixa etária, mas a partir da perspectiva dos professores, que preenchem o questionário com 44 itens sobre o aluno.

Em geral, cada questionário possui alguma combinação de pontuações do sistema sensorial, comportamental e de padrão sensorial: "Pontuações do sistema sensorial" (geral, auditivo, visual, tato, movimento, posição do corpo e oral); "Pontuações comportamentais" (comportamental, conduta, socioemocional e atenção); "Pontuações de padrão sensorial" (exploração/criança exploradora, esquiva/criança que se esquiva, sensibilidade/criança sensível, observação/criança observadora, com base na estrutura do processamento sensorial de Dunn) e "Pontuações de fator escolar" (suporte, consciência, tolerância e disponibilidade).

4.3.7 INSTRUMENTO PARA INVESTIGAÇÃO DE HABILIDADES SOCIAIS (ADULTOS)

IHS2-Del-Prette

O "inventário de habilidades sociais 2" (IHS2-Del-Prette) (Del Prette, A. e Del Prette, Z., 2018) tem por objetivo caracterizar o desempenho social em diferentes situações (trabalho, escola, família e cotidiano).

É um instrumento de autorrelato, destinado a avaliar adultos de 18 a 59 anos de idade, com formação mínima de Ensino Fundamental I. É composto por 38 itens que reúnem habilidades indispensáveis para relações satisfatórias e bem-sucedidas. Nesse conjunto de itens, 30 descrevem uma situação de interação social e uma possível reação a ela, possibilitando a identificação de recursos disponíveis ou deficitários no repertório comportamental da paciente e consequente facilitação do planejamento e do acompanhamento da intervenção a ser realizada.

4.3.8 INSTRUMENTOS PARA INVESTIGAÇÃO DE TRAÇOS DA PERSONALIDADE E SINTOMAS PSICOLÓGICOS

HTP

O instrumento HTP (*house, tree, person*), ou casa-árvore-pessoa, (Tardivo *et al.*, 2024), é uma técnica projetiva gráfica de base psicodinâmica, restrita a psicólogos, e voltada à investigação da personalidade. Trata-se de uma técnica de fácil compreensão para indivíduos de diferentes níveis de escolaridade e menos sujeita ao controle consciente da produção, quando comparada a técnicas projetivas verbais ou inventários de autorrelato. O manual técnico possui mais de cinquenta exemplos de desenhos que servem como referência pedagógica para os avaliadores. Pode ser aplicado em indivíduos de 6 a 90 anos de idade.

Sua aplicação é individual e presencial. São solicitados três desenhos ao examinando, cada um em uma folha de papel sulfite separada. Quanto à avaliação, a casa, a árvore e a pessoa são representações (conscientes ou não) da imagem que o indivíduo tem de si. Os desenhos são analisados a partir das perspectivas adaptativa (adequação à tarefa), expressiva (estilo próprio do sujeito) e projetiva (aspectos psicodinâmicos).

BDI-II

O instrumento inventário de depressão Beck (BDI-II) (Beck, Steer e Brown, 2019) é uma escala de autorrelato, que mede a intensidade da depressão. O inventário contém 21 itens, cada um deles com quatro alternativas, subentendendo graus crescentes de gravidade da depressão. A faixa etária de sua aplicação é de 17 a 80 anos de idade. A avaliação ocorre por meio do autorrelato, no qual os indivíduos indicam o grau em que cada sintoma foi experimentado por eles ao longo dos últimos dias. Para isso, utilizam uma escala de classificação que varia de 0 (indicando que o sintoma não foi experimentado) a 3 (indicando que o sintoma foi experimentado em intensidade severa). Esse instrumento auxilia-nos a investigar se a paciente apresenta transtornos depressivos em comorbidade ao TEA.

BAI

O instrumento inventário de ansiedade Beck (BAI) (Beck e Steer, 2023) é composto por uma lista de 21 itens que abrangem uma variedade de sintomas relacionados à ansiedade. Englobam sensações como medo, inquietação, tensão muscular, preocupação excessiva, irritabilidade e muitos outros, que são comuns em indivíduos que enfrentam desafios relacionados à ansiedade. A avaliação ocorre por meio do autorrelato, no qual os indivíduos indicam o grau em que cada sintoma foi experimentado por eles ao longo dos últimos dias. Para isso, utilizam uma escala de classificação que varia de 0 (indicando que o sintoma não foi experimentado) a 3 (indicando que o sintoma foi experimentado em intensidade severa). Esse instrumento auxilia-nos a investigar se a paciente apresenta transtornos ansiosos em comorbidade ao TEA.

BSI

O inventário breve de sintomas (BSI) (Derogatis, 2019) é de autorrelato de sintomas com 53 itens, projetado para apresentar padrões de sintomas psicológicos. Os itens são organizados em nove escalas de sintomas: "Somatização", "Transtorno obsessivo-compulsivo", "Sensibilidade interpessoal", "Depressão", "Ansiedade", "Hostilidade", "Ansiedade fóbica", "Ideação paranoide" e "Psicoticismo".

O instrumento é pontuado e analisado com base nessas nove dimensões de sintoma principal e três índices globais de distresse.

Em nosso protocolo de avaliação de adolescentes e mulheres (validado a partir de 13 anos de idade), utilizamos esse instrumento como uma ferramenta complementar para o diagnóstico diferencial e para o rastreio de sintomas de transtornos comórbidos ao TEA.

4.3.9 QUADROS DOS INSTRUMENTOS DE AVALIAÇÃO

O quadro a seguir compila os instrumentos anteriormente apresentados, em três grupos de faixa etária. Esse formato de apresentação foi pensado para uma busca rápida, visual e didática de quais instrumentos o profissional pode lançar mão em uma avaliação do TEA feminino.

MENINAS PRÉ-ESCOLARES – BEBÊS ATÉ 6 ANOS				
Instrumento	**Domínios avaliados**	**Objetivo**	**Faixa etária**	**Restrito a Psicólogos**
SON – R 2 ½ – 7 [a] Teste não verbal de inteligência (Laros *et al.*, 2015)	Inteligência fluida (habilidades espaciais e visomotoras, raciocínio abstrato e concreto)	Avaliação geral do desenvolvimento e das capacidades cognitivas	De 2 anos e 6 meses a 7 anos e 11 meses	Sim
SRS-2 – Escala de responsividade social/ (Constantino e Gruber, 2021)	Percepção social, cognição social, comunicação social, motivação social, padrões restritos e repetitivos e comunicação e interação social	Mensurar sintomas associados ao TEA, bem como classificá-los em níveis leve, moderado ou severo	Crianças (a partir de 2 anos e meio), adolescentes e adultos	Não
M-CHAT-R/F – revisado, com entrevista de seguimento (Robins, Fein e Barton, 2009)	Sinais e sintomas do TEA	Triagem do TEA em crianças pequenas	De 16 a 30 meses	Não
PROTEA R – Sistema de avaliação da suspeita de transtorno do espectro autista (Bosa e Salles, 2018)	Comportamentos de iniciativa e resposta de atenção compartilhada, imitação, engajamento social, sorriso, busca e resposta ao contato físico-afetivo, busca por assistência, protesto/retraimento à interação, ações referentes à exploração de brinquedos, forma de exploração, coordenação visomotora, brincadeira funcional e simbólica, movimentos repetitivos e estereotipados do corpo	Rastrear a presença de comportamentos inerentes à sintomatologia do TEA e identificar riscos para o desenvolvimento infantil, possibilitando o encaminhamento para avaliações especializadas e, consequentemente, a intervenção precoce	De 24 a 60 meses	Não
Vineland 3 – escala de comportamentos adaptativos (Sparrow, Cicchetti e Saulnier, 2019)	Comportamento adaptativo, comunicação, habilidades cotidianas, socialização, habilidades motoras, comportamentos mal adaptados	Avaliar e medir o comportamento adaptativo de indivíduos com possível déficit intelectual e/ou transtorno de desenvolvimento	Do nascimento até a idade adulta (90 anos)	Não

Instrumento	Domínios avaliados	Objetivo	Faixa etária	Restrito a Psicólogos
AFLS – Avaliação de habilidades funcionais (Partington e Muller, 2012)	Habilidades básicas para a vida diária, habilidades para a vida no ambiente domiciliar, vida comunitária, vida independente, vida profissional e competências escolares	Avaliar habilidades funcionais	A partir dos 2 anos	Não
Perfil sensorial 2 (Dunn, 2017)	Procura sensorial (perfil explorador), recusa sensorial (perfil esquivador), sensibilidade sensorial (perfil sensível) e registro sensorial (perfil observador)	Avaliar os padrões de processamento sensorial da criança no contexto da vida cotidiana, além de revelar como tais padrões apoiam e/ou interferem no desempenho funcional em casa, na escola e na comunidade	Do nascimento até 14 anos e 11 meses	Não
IDADI - inventário dimensional de avaliação do desenvolvimento infantil (Silva, Mendonça Filho e Bandeira, 2020)	Cognitivo, socioemocional, comunicação e linguagem receptiva, comunicação e linguagem expressiva, motricidade ampla, motricidade fina e comportamento adaptativo	Avaliar marcadores do desenvolvimento infantil	De 4 a 72 meses	Não
Checklist curriculum ESDM – Modelo Denver de intervenção precoce (Rogers e Dawson, 2014)	Comunicação expressiva, comunicação receptiva, competências sociais com adultos e pares, imitação, comportamento adaptativo, cognição, motricidade fina, motricidade grossa, brincar funcional e simbólico e independência pessoal	Avaliar marcadores do desenvolvimento infantil	De 18 a 48 meses	Não

MENINAS EM IDADE ESCOLAR – 6 ANOS A 12 ANOS				
Instrumento	**Domínios avaliados**	**Objetivo**	**Faixa etária**	**Restrito a Psicólogos**
Escala de inteligência Wechsler para crianças (WISC-IV) (Rueda *et al.*, 2014)	Inteligência geral (habilidades verbais, organização perceptual, atenção, concentração, memória operacional, agilidade mental e processamento grafomotor)	Avaliar a capacidade intelectual e o processo de resolução de problemas	De 6 a 16 anos e 11 meses	Sim
SON-R-6-40 – teste não verbal de inteligência (Laros *et al.*, 2022)	Inteligência geral (raciocínio abstrato, habilidades espaciais, visomotoras e de execução)	Reduzir a influência do fator verbal e da escolaridade na avaliação das habilidades cognitivas, adequada para pessoas com dificuldade auditivas, problemas de linguagem, transtornos do desenvolvimento e imigrantes	De 6 a 40 anos	Sim
NEUPSILIN-Inf – instrumento de avaliação neuropsicológica breve infantil (Salles *et al.*, 2016)	Orientação, atenção, percepção visual, memórias (de trabalho, episódica, semântica), habilidades aritméticas, linguagem oral e escrita, habilidades visoconstrutivas e funções executivas	Identificar e caracterizar o perfil de funcionamento de processos neuropsicológicos, visando à descrição cognitiva associada a diagnósticos em transtornos do neurodesenvolvimento, em geral, e da aprendizagem	De 6 a 12 anos e 11 meses	Sim
BPA – Bateria Psicológica para Avaliação da Atenção (Rueda, 2013)	Atenção geral, concentrada, dividida e alternada	Avaliar a capacidade de atenção concentrada, alternada e dividida (obs.: Esse instrumento auxilia na investigação de TDAH em comorbidade ou no diagnóstico diferencial)	De 6 a 82 anos	Sim
Figuras Complexas de Rey (Rey, 2014)	Percepção visual e memória imediata	Avaliar planejamento, percepção visual e memória imediata	A partir de 4 anos	Sim
FDT – Teste dos cinco dígitos (Sedó, De Paula e Malloy-Diniz, 2015)	Atenção, velocidade de processamento e funções executivas	Medir a velocidade de processamento, a atenção e as funções executivas (subcomponente controle inibitório e flexibilidade cognitiva)	A partir de 6 anos, adolescente, adultos e idosos	Sim

Instrumento	Domínios avaliados	Objetivo	Faixa etária	Restrito a Psicólogos
HTP – técnica do desenho da casa-árvore–pessoa (Tardivo *et al.*, 2024)	Características da personalidade	Verificar elementos da personalidade e áreas de conflitos e avaliar os aspectos afetivos e emocionais	De 6 a 90 anos, sem restrições	Sim
SRS-2 – escala de responsividade social (Constantino e Gruber, 2021)	Percepção social, cognição social, comunicação social, motivação social, padrões restritos e repetitivos e comunicação e interação social	Mensurar sintomas associados ao TEA, bem como classificá-los em níveis leve, moderado ou severo	Crianças (a partir de 2 anos e meio), adolescentes e adultos	Não
Vineland 3 – escala de comportamentos adaptativos (Pais e Professores) (Sparrow, Cicchetti e Saulnier, 2019)	Comportamento adaptativo, comunicação, habilidades cotidianas, socialização, habilidades motoras, comportamentos mal adaptados	Avaliar e medir o comportamento adaptativo de indivíduos com possível déficit intelectual e/ou transtorno de desenvolvimento	Do nascimento até a idade adulta (90 anos)	Não
AFLS – avaliação de habilidades funcionais (Partington e Muller, 2012)	Habilidades básicas para a vida diária, habilidades para a vida no ambiente domiciliar, vida comunitária, vida independente, vida profissional e competências escolares	Avaliar habilidades funcionais	A partir de 2 anos	Não
Perfil sensorial 2 (Dunn, 2017)	Procura sensorial (perfil explorador), recusa sensorial (perfil esquivador), sensibilidade sensorial (perfil sensível) e registro sensorial (perfil observador)	Avaliar os padrões de processamento sensorial da criança no contexto da vida cotidiana, além de revelar como tais padrões apoiam e/ou interferem no desempenho funcional em casa, na escola e na comunidade	Do nascimento até 14 anos e 11 meses	Não

MULHERES ADOLESCENTES E ADULTAS				
Instrumento	**Domínios avaliados**	**Objetivo**	**Faixa etária**	**Restrito a Psicólogos**
WAIS-III – escala de inteligência Wechsler para adultos (Wechsler e Nascimento 2004)	Inteligência geral (compreensão verbal, memória operacional, organização perceptual e velocidade de processamento)	Avaliar a capacidade intelectual	De 16 a 89 anos	Sim
WISC-IV – escala de inteligência Wechsler para crianças (Rueda *et al.*, 2014)	Inteligência geral (habilidades verbais, organização perceptual, atenção, concentração, memória operacional, agilidade mental e processamento grafomotor)	Avaliar capacidade intelectual e o processo de resolução de problemas	De 6 a 16 anos e 11 meses	Sim
WASI – escala Wechsler abreviada de inteligência (Wechsler, 2014)	Inteligência geral (conhecimento verbal, processamento de informação visual, raciocínio espacial e não verbal, inteligência fluida e cristalizada)	Estimar o funcionamento cognitivo geral, verbal e não verbal	De 6 anos a idosos de até 89 anos	Sim
SON-R-6-40 – teste não verbal de inteligência (Laros *et al.*, 2022)	Inteligência geral (raciocínio abstrato, habilidades espaciais, visomotoras e de execução)	Reduzir a influência do fator verbal e da escolaridade na avaliação das habilidades cognitivas, sendo adequada para pessoas com dificuldade auditivas, problemas de linguagem, transtornos do desenvolvimento e imigrantes	De 6 a 40 anos	Sim
NEUPSILIN – instrumento de avaliação neuropsicológica breve (Fonseca, Salles e Parente, 2009)	Orientação temporoespacial, atenção concentrada, percepção visual, habilidades aritméticas, linguagem oral e escrita, memória verbal e visual, praxias e funções executivas	Avaliar o desenvolvimento neuropsicológico	De 12 a 90 anos	Sim

Instrumento	Domínios avaliados	Objetivo	Faixa etária	Restrito a Psicólogos
Vineland 3 – escala de comportamentos adaptativos (Pais e Professores) (Sparrow, Cicchetti e Saulnier, 2019)	Comportamento adaptativo, comunicação, habilidades cotidianas, socialização, habilidades motoras e comportamentos mal adaptados	Avaliar e medir o comportamento adaptativo de indivíduos com possível déficit intelectual e/ou transtorno de desenvolvimento	Do nascimento até a idade adulta (90 anos)	Não
AFLS – avaliação de habilidades funcionais (Partington e Muller, 2012)	Habilidades básicas para a vida diária, habilidades para a vida no ambiente domiciliar, vida comunitária, vida independente, vida profissional e competências escolares	Avaliar habilidades funcionais	A partir de 2 anos	Não
Escala de Responsividade Social/SRS-2. (Constantino; Gruber, 2021)	Percepção social, cognição social, comunicação social, motivação social, padrões restritos e repetitivos e comunicação e interação social	Mensurar sintomas associados ao TEA, bem como classificá-los em níveis leve, moderado ou severo	Crianças (a partir de 2 anos e meio), adolescentes e adultos	Não
IHS2-Del Prette – inventário de habilidades sociais (Del Prette, A. e Del Prette, Z., 2018)	Habilidades sociais	Caracterizar o desempenho social em diferentes situações (trabalho, escola, família, cotidiano), possibilitando diagnóstico para uso na clínica, na educação, na seleção de pessoal e no treinamento profissional	De 18 a 59 anos (formação mínima: Ensino Fundamental I)	Sim
BDI-II – inventário de depressão de beck – segunda edição (Beck, Steer e Brown, 2019)	Intensidade da depressão	Determinar graus crescentes de gravidade da depressão	A partir de 13 anos até a terceira idade	Sim

Instrumento	Domínios avaliados	Objetivo	Faixa etária	Restrito a Psicólogos
BAI – Inventário de Ansiedade de Beck (Beck e Steer, 2023)	Intensidade da ansiedade	Determinar níveis crescentes de gravidade da ansiedade	De 18 a 90 anos	Sim
BSI – inventário breve de sintomas (Derogatis, 2019)	Somatização, transtorno obsessivo compulsivo, sensibilidade interpessoal, depressão, ansiedade, hostilidade, ansiedade fóbica, ideação paranoide e psicoticismo	Avaliar de forma global o estado psicopatológico, assim como identificar o bem-estar psicológico	A partir de 13 anos	Sim

4.4 INTEGRAÇÃO DOS DADOS E ELABORAÇÃO DE LAUDO PSICOLÓGICO

O processo de avaliação culmina na elaboração do laudo psicológico. Nesse documento, estabelecemos hipóteses a partir da junção das informações provindas das múltiplas fontes (observação clínica, testagens, relatórios anteriores e relatos do paciente, de sua família e de professores, além de outros profissionais eventualmente consultados), que são testadas ao longo do processo de avaliação e validadas ou não.

De acordo com *Manual para elaboração de documentos escritos* (Conselho Federal de Psicologia, 2019), o laudo psicológico é o resultado de um processo de avaliação psicológica, com a finalidade de subsidiar decisões relacionadas ao contexto em que surgiu a demanda. Esse documento deve apresentar, obrigatoriamente, as seguintes informações: identificação (dados do psicólogo, do solicitante, do paciente avaliado); descrição da demanda (o que a queixa do paciente sinalizou); procedimentos (como foi elaborada a avaliação, quais instrumentos e técnicas foram utilizados); análise (apresentação dos dados obtidos na avaliação e interpretação dos resultados obtidos); conclusão (apresenta o raciocínio clínico, com a integração de dados da descrição da demanda e dos resultados considerados na análise; nesse tópico o profissional deve apresentar, claramente, a hipótese diagnóstica) e as referências (é obrigatória a informação das fontes científicas ou referências bibliográficas utilizadas, em nota de rodapé, preferencialmente).

Por fim, é muito importante ressaltar que, apesar de parecer óbvio o que estamos dizendo, não é incomum encontrarmos laudos sem assinatura e carimbo do profissional responsável pelas avaliações psicológicas. Isso pode indicar insegurança e falta de conhecimento sobre o assunto. No entanto, a assinatura, que chancela a responsabilidade do profissional sobre o diagnóstico apresentado, não pode ser omitida e não é um item opcional.

4.5 COMUNICAÇÃO DOS RESULTADOS: A SESSÃO DE DEVOLUTIVA

Em nossa prática, a sessão devolutiva é construída ao longo de todo processo de avaliação. Nas sessões da criança com os pais dentro da sala ou nas sessões com as pacientes adultas, vamos desconstruindo estereótipos, esclarecendo e mostrando "ao vivo" as caraterísticas que se apresentam na paciente ao longo de todas as sessões. De fato, entendemos a relevância disso, considerando que "A entrevista de devolução é um momento-chave dentro do processo avaliativo, devendo também ser cuidadosamente preparada. É o momento de descobertas, organização e esclarecimentos do que veio à tona no processo de psicodiagnóstico" (Albornoz, 2016[5], *apud* Bosa *et al.*, 2017, p. 96). No entanto, na maioria das vezes, no dia da sessão de devolutiva, a paciente e os familiares já estão conscientes do resultado, com níveis de ansiedade e sofrimento reduzidos.

É importante lembrar que a forma como a devolutiva dos resultados da avaliação é conduzida pode impactar a saúde mental dos pais e a adesão da família ao tratamento da filha. O período de busca por diagnóstico precisa ser percebido como uma fase em que as famílias podem estar fragilizadas e desgastadas física, emocional e financeiramente.

Ao longo de nossa prática clínica, temos procurado falar com clareza na apresentação dos resultados, tendo em mente o que é essencial comunicar nesse momento, de modo que a família possa processar as informações e realizar posterior tomada de decisões, de forma segura e devidamente informada, não apenas sobre os resultados da avaliação, mas também sobre os encaminhamentos relativos ao caso em questão. Em nossas sessões de devolutiva, também temos procurado um contraponto entre acolher os pais para que consigam receber e processar o diagnóstico da melhor forma possível, sem que se sintam confortáveis ao ponto de não procurarem o suporte profissional urgente e o mais brevemente possível para suas filhas.

Dessa forma, no final da sessão, sempre enfatizamos a importância da intervenção precoce no caso das crianças pequenas, desconstruindo estereótipos sociais sobre as meninas e o autismo e esclarecendo as singularidades do TEA feminino. Além disso, também reafirmamos para a família a importância do acompanhamento terapêutico para o resto da vida, mesmo nos casos de autismo nível 1 de suporte, evidenciando que as dificuldades de interação social poderão suscitar risco aumentado de *bullying* e que, talvez, a paciente precise de um treinamento específico em habilidades sociais em alguma fase de sua vida. Também informamos aos pais e às pacientes adultas sobre a alta prevalência de comorbidades, como depressão, ansiedade e risco aumentado para suicídio, que exigirão psicoterapia e tratamento medicamentoso ao longo da vida. Ainda ao final da sessão, sempre abrimos espaço para que os pais expressem seus sentimentos e suas emoções, esclareçam dúvidas e falem sobre suas incertezas, recebendo apoio emocional e orientação em relação aos próximos passos.

Por fim, a experiência de devolutiva com as pacientes adolescentes e adultas tem sido, de um modo geral, muito positiva. A maioria delas procura a avaliação já com a certeza do diagnóstico e busca apenas uma validação profissional, para que, finalmente, encerrem um ciclo de incertezas sobre o lugar de si mesmas no mundo. Nesses casos, nossa conduta é a apresentada anteriormente. A sessão tem um caráter informativo sobre os resultados, mas, principalmente, é um momento de acolhimento, em que a maioria delas apresenta um grande alívio, isso sendo visível, inclusive, em seus rostos, através de um sorriso e da postura corporal mais leve. Nessa ocasião, procuramos fortalecer a paciente na busca pelo autoconhecimento, reafirmando que, a partir daquele momento, ela está livre do peso de se esforçar para ser quem não é.

REFERÊNCIAS BIBLIOGRÁFICAS

[1] KASARI, C.; CHANG, Y. Play development in children with autism spectrum disorders: skills, object play, and interventions. *In*: VOLMAR, F. R.; PAUL, R.; ROGERS, S. J.; PELPHREY, K. A. (ed.). *Handbook of autism and pervasive developmental disorders.* 4. ed. Nova Iorque: Wiley, 2014; citados por Bosa *et al.* (2017).

[2] DAWSON, G.; WATLING, R. Interventions to facilitate auditory, visual and motor integration in autism review of evidence. *Journal of Autism and Developmental Disorders*, Bethesda, v. 30, n. 5, p. 415-424, 2000.

KLINTWALL, L.; HOLM, A.; ERIKSSON, M. A.; HÖGLUND CARLSSON, L. Sensory abnormalities in autism: a brief report. *Research in Developmental Disabilities*, Bethesda, n. 32, p. 795-800, 2011.

TAVASSOLI, T.; MILLER, L. J.; SCHOEN, S.; NIELSEN, D. M. Sensory over-responsivity in adults with autism spectrum conditions. *Autism*, Bethesda, v. 18, n. 4, p. 428-432, 2014; citados por Orsati (2017).

[3] PIZZARELLI, R.; CHERUBINI, E. Alterations of GABAergic signaling in autism spectrum disorders. *Neural Plasticity*, Bethesda, n. 11, p. 1-12, 2011; citados por Orsati (2017).

[4] CAMINHA, R. C. Autismo: Um transtorno de natureza sensorial? *Psicologia Clínica* [on-line], v. 21, n. 1, p. 231, 2009.

DUNN, W. *Sensory profile*: user's manual. San Antonio: Psychological Corporation, 1999.

TOMCHEK, S. D.; DUNN, W. Sensory processing in children with and without autism: a comparative study using the short sensory profile. *The American Journal of Occupational Therapy*, Bethesda, v. 61, n. 1, p. 190-200, 2007; citados por Orsati (2017).

[5] ALBORNOZ, A. C. G. Devolução de informações do psicodiagnóstico. *In*: HUTZ, C. S.; BANDEIRA, D. R.; TRENTINI, C. M.; KRUG, J. S. *Psicodiagnóstico*. Porto Alegre: Artmed, 2016. p. 160-171.

CAPÍTULO 5: CRITÉRIOS DIAGNÓSTICOS E CARACTERÍSTICAS CLÍNICAS DO TEA FEMININO QUE EXTRAPOLAM ESCALAS EXISTENTES

De acordo com o *Manual diagnóstico e estatístico dos transtornos mentais* (DSM-5-TR), o TEA é classificado como um transtorno do neurodesenvolvimento que tem como características essenciais:

> o prejuízo persistente na comunicação social recíproca e na interação social (critério A) e padrões restritos e repetitivos de comportamento, interesses ou atividades (critério B). Esses sintomas estão presentes desde o início da infância e limitam ou prejudicam o funcionamento diário (critérios C e D). O estágio em que o prejuízo funcional fica evidente irá variar de acordo com características do indivíduo e seu ambiente. Características diagnósticas nucleares estão evidentes no período do desenvolvimento, mas intervenções, compensações

> e apoio atual podem mascarar as dificuldades, pelo menos em alguns contextos. Manifestações do transtorno também variam muito dependendo da gravidade da condição autista, do nível de desenvolvimento e da idade cronológica; daí o uso do termo *espectro* (American Psychiatric Association, 2023, p. 60).

Diagnosticar o TEA em alguns casos não é uma tarefa fácil. Nos capítulos anteriores, vimos como, ao longo do tempo, as meninas desenvolvem estratégias que mascaram suas características e como elas têm mais facilidade para aprender comportamentos socialmente relevantes, não sendo incomum, em relatos, ouvirmos expressões do tipo "Eu aprendi que...". O que ocorre, de fato, é que existe uma variabilidade de características permeando todo o espectro feminino, com algumas condições comuns em grande parte das meninas e mulheres, além de outras tantas muito específicas e peculiares da individualidade de cada uma.

Somando-se a isso, é muito importante acrescentar que pesquisadores têm identificado expressões mais leves de traços do TEA em pais e irmãos de pessoas autistas, que atualmente são definidas como "fenótipo ampliado do autismo" (Hurley *et al.*, 2007; Davidson *et al.*, 2014; Endres *et al.* 2015; Di Mento *et al.*, 2024). Na perspectiva científica que embasa esse conceito, o fenótipo ampliado do autismo seria composto por características sociais, de comunicação e comportamentais que, juntas, não são suficientes para se fechar um diagnóstico clínico de autismo, mas refletem a expressão fenotípica de uma suscetibilidade genética para o desenvolvimento do TEA.

Esses parentes, apesar de não preencherem os critérios para o diagnóstico clínico, expressam traços de personalidade e sintomas subclínicos que vão de um nível mais leve a moderado da condição, o que pode atrasar a identificação das características e a investigação especializada, uma vez que é comum os pais ou os avós identificarem-se com as características de suas filhas e netas. Alguns exemplos de tal identificação podem ser percebidos em alguns relatos, como "Ah, isso é normal, eu também andava na ponta dos pés quando era menina, e por isso me colocaram no balé..." ou "Eu sou muito metódica, não suporto bagunça, só consigo dormir depois que a louça da pia está lavada, ela só puxou isso de mim", entre outros que remetem ao reforço prático (ou empírico) do conceito de fenótipo ampliado do autismo.

No ambiente escolar, podemos imaginar umas cenas semelhantes às que já presenciamos algumas vezes (de diferentes formas, mas em contextos de respostas comportamentais parecidas). Uma menina está no parque, ela observa seus pares e logo entra na brincadeira com eles, dentro de uma casinha. Aparentemente, está tudo normal. Um olhar mais apurado do(a) avaliador(a) ou de um(a) professor(a) poderá identificar ações e comportamentos que costumam passar despercebidos na rotina das escolas: a menina estava ali, mas, de repente, não parece entender porque as outras meninas correram tão rápidas para fora da casinha. Ela fica parada por uns instantes e depois começa a correr para onde as colegas estão, tentando imitá-las ou segui-las. Fica ali, um pouco próxima das coleguinhas, mas, minutos depois, começa a brincar sozinha. Em seguida, volta para junto das colegas, então se afasta, vai para o balanço e fica por lá, olhando para o céu.

Do mesmo modo, não é difícil reproduzirmos aqui situações em que a professora, por sua vez, tende a julgar (e, portanto, avaliar) essa menina como sendo muito organizada, já que, todas as vezes que volta do parque, gosta de organizar os livros que estão na estante. Ela também gosta de guardar os lápis de cor de seu estojo por tons das cores e sabe nomear cores que nem mesmo a professora conhece, o que a faz admirar mais ainda a inteligência ou as "qualidades" dessa aluna. Ela também gosta de ser a primeira a chegar na sala de aula e sempre sentar-se no mesmo lugar.

Quando as crianças estão falando alto, empolgadas, após a volta do parque, ela coloca as mãos nos ouvidos e grita, pedindo para os colegas ficarem quietos, mas a professora acha que ela está ajudando a colocar ordem na turma. Essa mesma menina, ao chegar no consultório médico, consegue responder às perguntas que o médico lhe faz, apesar de não sorrir quando ele tenta ser simpático e brincar com ela. Nesses momentos, é muito provável que o médico poderá discordar de um possível diagnóstico do TEA, se não conhecer profundamente as diversas possibilidades de apresentação do transtorno feminino e se não se aprofundar na investigação, contando com as informações de bons relatórios da escola e de outros especialistas.

Na infância, os comportamentos das meninas podem ser muito disfarçados. Elas têm um convívio muito próximo dos colegas e dos professores, assim como de seus pais e, nessa fase, muitas características podem ser vistas como “coisa de criança” ou “o jeito dela”. Nessa fase, também, é comum os adultos assumirem a mediação das relações sociais das crianças, mas, quando a menina começa a crescer, passa a ser mais exigida nos espaços sociais. Por volta dos 6 anos de idade em diante, suas dificuldades começam a ficar mais visíveis e, em decorrência, seus esforços para se adaptar ficam mais intensos.

À medida que envelhece, o sofrimento emocional só aumenta, já que ela continua se esforçando, sem saber exatamente qual é o seu lugar no mundo, sem saber como se encaixar, sentindo-se diferente e frustrada. Algumas delas nos relatam os esforços na escola, com afirmações bastante significativas de seu sofrimento: "Eu precisava ser aceita, eu precisava entrar no grupo", "Preciso pertencer, eu preciso ser como elas". E praticamente todas que avaliamos relataram a adolescência como o "momento mais difícil da vida".

Neste momento, não podemos deixar de enfatizar a importância do autorrelato na investigação do autismo em mulheres adolescentes e adultas, já que os instrumentos e as escalas existentes não abrangem muitas das características que elas nos apresentam. Ao mesmo tempo, retomamos, mais detalhadamente, a constatação – já abordada em capítulos anteriores – de que as características do "critério B" do DSM-5-TR, ou seja, os padrões restritos e repetitivos de comportamento, interesses ou atividades, são mais fáceis de serem camufladas e socialmente mais aceitas nas meninas e mulheres.

Conforme observado em relatos em nossa prática clínica, a maioria delas relata, por exemplo, que as estereotipias são feitas às escondidas, geralmente quando estão sozinhas; e são descritas como "necessidades fisiológicas" ("É mais forte do que eu"). No caso, funcionam como uma espécie de válvula de escape emocional, como comportamentos autorreguladores, após sobrecargas sensoriais. Elas completam os relatos (e justificam): "Depois relaxa", "Dá prazer e acalma".

Algumas relatam, ainda, que passaram a vida usando uma máscara, imitando e tentando agradar e, com isso, acabaram se perdendo, sem saber mais quem elas eram. Sobre o ambiente familiar, os relatos costumam ser semelhantes, e há quem relate que se esforçava para ser a "menina boazinha" desde a infância: "Eu não podia incomodar", "Eu sempre tinha que estar sorrindo, tirar notas boas, quem visse de fora estava tudo maravilhoso"

Os relatos das autistas de menor suporte (nível 1 do TEA) nos ajudam a compreender melhor como as características das bebês e meninas se apresentam, já que apesar das pequenas apresentarem esses comportamentos, não conseguem expressar o que as motiva a fazê-los.

5.1 CARACTERÍSTICAS DA APRESENTAÇÃO FEMININA DO TEA: O DSM-5-TR E A OBSERVAÇÃO CLÍNICA

Isso posto, e considerando as informações e discussões apresentadas nos capítulos anteriores, passamos a expor e detalhar, da forma mais prática e objetiva possível, algumas características da apresentação feminina do TEA, separadas, didaticamente, por tipos de critérios diagnósticos, conforme estabelecidos no *Manual diagnóstico e estatístico de transtornos mentais* (DSM-5-TR) (2023). Na sequência, para finalizar, apresentaremos outras características bastante comuns, que não se encaixam nos critérios diagnósticos até então existentes, como uma contribuição ao avanço dos recursos clínicos para avaliações diagnósticas, baseada em conhecimento adquirido por meio da observação clínica e em contraponto com um estudo aprofundado da temática para a elaboração de laudos. Ressaltamos que os dados que embasam esse conhecimento foram extraídos, sobretudo, das avaliações realizadas em nossa prática clínica, mas também de relatos de mulheres autistas, ouvidas nas redes sociais e em palestras e cursos que participamos ao longo dos últimos anos.

Atualmente, conforme os critérios diagnósticos para o TEA no manual DSM-5-TR, é necessária a presença de várias características em conjunto. É preciso pelo menos uma característica de cada um dos três critérios de déficits persistentes na comunicação social e interação social, e pelo menos uma característica de dois dos quatro critérios de padrões restritos e repetitivos de comportamento, interesses ou atividades. Temos consciência de que, certamente, as características que serão apresentadas logo adiante não esgotam as possibilidades de variantes das características do autismo em meninas. Além disso, é importante lembrar que a presença de características, isoladamente, não é indicativa do transtorno. É preciso levar em conta a frequência e a intensidade desses comportamentos, que causam prejuízos na vida das pacientes. Na maioria das vezes, é possível perceber que elas não têm controle desses comportamentos. É algo mais forte que elas.

Como mencionado anteriormente, as características clínicas apresentadas aqui extrapolam aquelas contidas em escalas de rastreio existentes e, em razão disso, acreditamos que pesquisas precisam ser desenvolvidas para o desenvolvimento de escalas que possam dar conta das especificidades do TEA feminino, notadamente no contexto brasileiro. Acreditamos ainda que, quanto mais essas informações chegarem não só aos profissionais da saúde, como também aos educadores e ao público em geral, tais características poderão ser identificadas de forma mais assertiva, ampliando o olhar da comunidade para o autismo, de modo que nossas meninas terão diagnósticos mais precoces, e as mulheres, mais acolhimento e segurança em seus diagnósticos tardios.

5.1.1 "CRITÉRIO A": DÉFICITS PERSISTENTES NA COMUNICAÇÃO SOCIAL E NA INTERAÇÃO SOCIAL EM MÚLTIPLOS CONTEXTOS

1. **Déficit na reciprocidade socioemocional, variando, por exemplo, de abordagem social anormal e dificuldade para estabelecer uma conversa normal a compartilhamento reduzido de interesses, emoções ou afeto e à dificuldade para iniciar ou responder a interações sociais.**

- Atraso ou precocidade no desenvolvimento da fala.

- Intenção comunicativa, sem saber o que falar e em que momento.
- Fazerem, quando mais novas, comentários inapropriados e serem repreendidas por isso. Com o tempo, vão aprendendo a discernir o que é socialmente inadequado, "o que pode ou não ser dito".
- Dificuldade maior para interagir e iniciar conversas.
- Só iniciar uma conversa com alguém se tiver interesse no assunto e estiver se sentindo confortável com o interlocutor (comum em adultas).
- Dificuldade na comunicação expressiva, utilizando-se de muitos scripts do que vai falar, com frases e perguntas prontas: "quando eu vou encontrar pessoas, antes eu treino tanto com quem e o que eu vou falar, que eu já estou esgotada antes de chegar no lugar"; "tenho um script na mente; uma hora ele acaba, eu não consigo pensar em nada para falar, e fica o silêncio constrangedor" (comum em meninas e mulheres de todas as idades).
- Fingir interesse quando o assunto abordado em uma conversa não é do seu interesse, usando expressões como "Nossa! É mesmo?", "Que coisa... Não sabia disso".

- Cortar a fala das pessoas porque não aguentam, não sabem esperar a vez de falar.
- Entrar na conversa com um assunto fora do contexto.
- Ser inconveniente ao falar sobre algo que é socialmente inadequado em determinado momento.
- Baixa frequência de resposta ao ser chamada pelo nome, quando bebê, mas também em todas as faixas etárias, quando está envolvida em alguma coisa de seu interesse.
- Quando bebês e até os 3 anos, não dar atenção ao adulto não familiar quando este chama sua atenção para mostrar algum brinquedo ou propor brincadeiras.
- Diminuição do interesse pelas verbalizações e atividades com brinquedos propostas por adulto não familiar, demonstrando interesse diminuído em relação a trocas sociais.
- Pegar os brinquedos, nomeá-los, manipulá-los, mas falar para si mesma, sem fazer a triangulação do olhar com o adulto ou com pares.
- Chorar, na escola, quando tem que ficar com outras crianças.

- Falar para os pais que não quer ir para a escola.
- Pedir para trocar de turma ou de escola.
- Gostar de ficar sozinha ("buscando o silêncio").
- Aproximação social inadequada, por exemplo, abraçar, tocar e beijar pessoas estranhas.
- Considerar-se solitária, uma vez que suas relações de amizade são limitadas. No entanto, algumas costumam preferir assim, uma vez que não gostam da convivência social diária.
- Interessar-se por uma pessoa a ponto de querer ter um relacionamento amoroso, mas não conseguir se aproximar dela e, quando uma pessoa se aproxima, interessada, afasta-se.
- Responder a perguntas durante uma conversa de forma superficial, com poucas palavras. Diante de perguntas abertas, é comum responder "não lembro" ou "não sei". Se o interlocutor não lhe dirigir novas perguntas, a troca comunicativa encerra-se.
- Ser muito calada, durante a adolescência, e só conseguir fazer amizades na escola quando os colegas tomam a iniciativa de interagir com elas.

- Dar certo no namoro se o par afetivo inicia o contato e "fala muito", pois supre a dificuldade dela de iniciar o contato e manter a conversação.
- Dificuldade para falar sobre si mesma nas interações sociais; nas amizades: "nos damos bem, contanto que eu não fale sobre meus sentimentos".

2. Déficit nos comportamentos comunicativos não verbais usados para interação social, variando, por exemplo, de comunicação verbal e não verbal pouco integrada a anormalidade no contato visual e linguagem corporal, ou déficit na compreensão e no uso de gestos, e a ausência total de expressões faciais e comunicação não verbal.

- Ausência ou diminuição do contato visual.
- Manter o olhar baixo ou o olhar desviante.
- Contato visual presente, porém, não sustentado ao longo da interação.
- Olhar que parece "atravessar" o interlocutor, como se olhasse para um ponto fixo, e não para os olhos do interlocutor.

- Dificuldade em manter contato visual: "é extremamente desagradável quando preciso manter contato visual", "se eu olho para outro ponto, ao invés de olhar para o rosto da pessoa, consigo me organizar melhor, pensar melhor".
- Pensamento literal, entender tudo ao pé da letra (por exemplo, dificuldade de entender expressões como "vou resolver um abacaxi e já volto", ou "vou conseguir, nem que seja por cima de pau e pedra").
- Tendência a ter uma expressão facial mais séria.
- Humor um pouco mais sério ou mais triste.
- Ausência de sorriso social.
- Não sorrir e ficar sempre séria, quando bebês ou meninas pequenas, enquanto as pessoas próximas tentam falar com ela ou fazê-la sorrir.
- Forçar o sorriso ou apresentar sorriso "artificial", às vezes, quando adultas.
- Dificuldade na compreensão de pistas sociais por meio da linguagem corporal e de gestos das pessoas.
- Alterações na linguagem, especialmente na pragmática: dificuldade em interpretar ironias, sarcasmos,

"segundas intenções", mensagens subliminares e piadas: "por que todo mundo está rindo? Não achei graça nenhuma".

- Não compreender a "mentira social" e que, às vezes, a mentira é necessária e "aceitável".

3. Déficit para desenvolver, manter e compreender relacionamentos, variando, por exemplo, de dificuldade em ajustar o comportamento para se adequar a contextos sociais diversos a dificuldade em compartilhar brincadeiras imaginativas ou em fazer amigos; a ausência de interesse por pares.

- Pouco ou nenhum interesse pelo estabelecimento de contato social e com pares de sua idade.
- Prejuízo na iniciativa para interagir.
- Ficar quietinha na fila dos brinquedos do parque (e as outras crianças passando a vez), na infância.
- Não ter iniciativa e precisar sempre da ajuda da mãe para brincar.

- Prejuízo na brincadeira simbólica (dificuldade em fazer abstrações, criar cenários e personagens e fazer de conta).
- Não conseguir desenvolver a brincadeira simbólica para níveis mais complexos, como desenvolver sequências de ações com objetos, realizar troca de papéis etc.
- Preferir explorar os objetos e brinquedos sozinha.
- Ignorar a presença de outras pessoas, em alguns casos, com foco apenas nos objetos ou brinquedos de seu interesse.
- Ignorar perguntas, sendo preciso repetir duas ou mais vezes.
- Responder imediatamente, sem pensar, como forma de encerrar o contato rapidamente.
- Começar brincadeiras sozinha e assim permanecer, caso alguém tente se aproximar para “entrar” na brincadeira.
- Afastar-se, virar-se de costas, cantar e brincar sozinha, tendendo ao isolamento.
- Abrir potes e caixas sozinha e, quando não consegue realizar algo sozinha, desistir sem pedir ajuda.

- Inabilidade social para resolver problemas simples que envolvam pedir a ajuda de outras pessoas, mesmo que sejam próximas e de sua convivência: ao falarmos sobre a possibilidade de ela esquecer seu estojo escolar em casa, uma paciente, quando questionada sobre o que faria diante desse problema, relatou que poderia pedir para a mãe ir deixar o estojo na escola ou ir à casa buscá-lo, e não pensou na possibilidade de pedir emprestado alguns itens aos colegas da turma.
- Ter dificuldades de fazer amizades e, por esse motivo, preferir brincar com crianças mais novas e bebês.
- Ter dificuldade de falar em público, entender o que as pessoas lhe pedem e realizar atendimentos por telefone ("Tenho pavor de telefone, fico bem agitada"), quando adultas, no trabalho.
- Ter dificuldade, quando adultas, de fazer amizades e mantê-las, por não dar atenção às pessoas, não ter paciência de falar sempre, manter contato frequente e "regar" as amizades.
- Fazer amizade com pessoas com quem mantém convívio diário, pois tem dificuldade de manter os vínculos.

- Sentir-se feliz, convivendo apenas com um(a) companheiro(a) ou marido/esposa (não sentir necessidade de socializar com a família e outras pessoas de modo geral).
- Não gostar, na escola, de fazer atividades em grupo, prefere em dupla.
- Iniciar conversas por mensagens de celular parece mais fácil, porque não precisam ter um primeiro contato pessoal.
- Parar de responder às chamadas ou mensagens das pessoas até que a amizade acabe.
- Ser mal interpretada ou não se fazer entender quando precisa se comunicar com chefes.
- Não conseguir conversar sobre seus sentimentos com parceiro(a) amoroso(a).
- Não comparecer aos compromissos sociais, ou remarcá-los com frequência, para evitar e postergar ao máximo a exposição ao contato social.
- Considerar-se solitária quando criança ou adolescente e julgar que fica "muito bem sozinha" depois de adulta.

- Ficar andando sozinha pela escola durante o intervalo das aulas, na adolescência.

- Sentir-se tímida em situações em que a atenção está voltada para ela, principalmente em grupos "com mais de duas pessoas".

- Entender que os relacionamentos casuais (com a finalidade apenas de relações sexuais) são mais interessantes, pois não precisam manter diálogo: "não precisa se esforçar para manter um relacionamento com alguém", "discutir a relação", "não precisa entender o outro".

- Ter relacionamentos amorosos e mudar de namorado(a) "várias vezes", por "não conseguir manter a constância", "fazer a manutenção do relacionamento", por gostar de seu próprio espaço e ter seu próprio tempo.

- Dificuldade em entender o que as pessoas querem ou esperam dela: tentar entender o que a outra pessoa quer "é desgastante", "me dá nos nervos".

- Ter dificuldade em interagir e manter-se no mesmo ambiente com outras pessoas, quando adulta, no trabalho: "é desconfortável ter que sempre socializar", "o fato de trabalhar na mesma sala com outras pessoas incomoda"; "o barulho delas me incomoda".

5.1.2 "CRITÉRIO B": PADRÕES RESTRITOS E REPETITIVOS DE COMPORTAMENTO, INTERESSES OU ATIVIDADES

1. Movimentos motores, uso de objetos ou fala estereotipados ou repetitivos (por exemplo, estereotipias motoras simples – alinhar brinquedos ou girar objetos, ecolalia, frases idiossincráticas).

- Ter estereotipias mais visíveis quando desreguladas emocionalmente, nervosas, felizes ou eufóricas.
- Esforçar-se para esconder os movimentos com as mãos embaixo da mesa, quando estão na escola e outros espaços públicos.
- Comportamentos autolesivos, que vão desde leves até mais graves, como bater a cabeça no chão ou na parede.
- Estalar os dedos.
- Morder os lábios.
- Beliscar a boca.

- Puxar e arrancar a pele fina dos lábios.
- Arranhar-se com as unhas.
- Apertar as mãos.
- Esfregar uma mão na outra.
- Mexer no cabelo com muita frequência, ou fazendo um mesmo movimento, repetidamente.
- Contorcer-se.
- Contrair o corpo.
- Balançar as mãos enquanto fala.
- Balançar o tronco (movimento de pêndulo, para frente e para trás).
- Balançar de pernas.
- Balançar um dos braços e uma das mãos ao mesmo tempo.
- Sentar em “W”.
- Andar de um lado para outro.
- Girar no próprio eixo.
- Ficar rodando (andar em círculo).

- Andar em cima dos mosaicos, tijolos, lajotas de pisos, seguindo um mesmo padrão.
- Ficar pulando em momentos em que esse comportamento não é esperado.
- Permanecer muito tempo brincando na posição de "cócoras" ou "agachada".
- Andar na ponta de pés: "nasceu bailarina, ela andava com a pontinha dos pés".
- Colocar as mãos nos ouvidos repetidamente, mesmo na ausência de estímulo sonoro.
- Bater com as mãos na cabeça, na região das orelhas e ouvidos ou no rosto, repetidamente.
- Colocar uma das mãos na frente do rosto, movimentando os dedos e mexendo a boca, como se conversasse com sua própria mão.
- Movimentar uma das mãos, levando-a lateralmente na altura do rosto, repetidamente.
- Fazer caretas com a testa e os olhos.
- Piscar os olhos em momentos que não tem luz incomodando.

- Fechar as mãos e tremer o corpo ao mesmo tempo, quando está feliz e animada.
- Balançar as mãos, com as mãos fechadas ou os punhos serrados.
- Balançar as mãos abertas (flapping de mãos) – algumas vezes, esse comportamento acontece de forma muito leve, quase imperceptível, e em outras, com alta intensidade (por exemplo, uma paciente pequena realizou esse movimento 78 vezes, em 45 minutos).
- Movimentos ritmados com dedos de ambas as mãos.
- Movimento com as mãos, do tipo "contar os dedos".
- Ecolalia imediata (repetição, em voz alta, de palavras ou frases, imediatamente após fala-las ou ouvi-las).
- Ecolalia tardia (repetição, em voz alta, de frases ou trechos de músicas ouvidas anteriormente).
- Ecolalia mental (ficar repetindo frases, um pensamento ruim, músicas na cabeça, durante dias).
- Ecolalia de sons, do tipo grunhido, ou sons ininteligíveis para o interlocutor.
- Automanipulação precoce (atividades masturbatórias).

- Olhar sob perspectiva (olhar lateralizado).
- "Mania" de contar objetos em diversas situações do seu dia.
- "Decorar" com facilidade e ficar repetindo a fala dos personagens dos desenhos animados, das séries da TV/celular.
- Fazer os mesmos movimentos (como um ritual) com os brinquedos: por exemplo, uma paciente colocava a chupeta na própria boca e depois na boca da boneca várias vezes, ou grudava e desgrudava as frutinhas de velcro de forma ritualística e estereotipada.

2. Insistência nas mesmas coisas, adesão inflexível a rotinas ou padrões ritualizados de comportamento verbal ou não verbal (por exemplo, sofrimento extremo em relação a pequenas mudanças, dificuldades com transições, padrões rígidos de pensamento, rituais de saudação, necessidade de fazer o mesmo caminho ou ingerir os mesmos alimentos diariamente).

- Apresentar "brincadeira" mais metódica e organizadora (organiza e categoriza os objetos, mas, na verdade, não está brincando).

- Bater palmas durante brincadeiras, fora do contexto, como um ritual.
- Passar muito tempo em uma atividade que não é possível finalizar em determinado momento (inflexibilidade).
- Resistência e inflexibilidade tanto em trocar de brinquedo quanto em não aceitar que se diga como fazer, ou que lhe sejam demonstradas alternativas de brincadeira.
- Presença de organização, sistematização, com uma rotina mais metódica e uma necessidade maior de fazer sempre as mesmas coisas.
- Ter padrões rígidos de comportamento, como escolher os mesmos brinquedos e jogos para brincar, comer as mesmas comidas, gostar de frequentar os mesmos lugares e só brincar com os mesmos colegas.
- Tendência a só comer determinadas coisas, a gostar de comer os mesmos alimentos (previsibilidade do sabor e da textura dos alimentos). Exemplos: só comer "miojo" nas refeições; sempre comer a mesma comida quando janta no restaurante da faculdade.
- Gostar de usar sempre as mesmas roupas: ter dificuldades de comprar roupas diferentes, comprar sempre

da mesma marca ou na mesma loja. Às vezes, apesar de haver comprado novas roupas, continuar usando as de sempre.

- Rigidez, na idade adulta, na disposição dos espaços, com maior necessidade de organização, definindo-se ou sendo definidas pelas pessoas como "metódicas", "perfeccionistas" e "muito organizadas". "Não gosto de nada fora do lugar".
- Rigidez, na idade adulta, nas interações sociais, sendo comum ouvirem das pessoas: "Você é muito chata", "Você é muito esquisita" e "Tudo tem que ser do seu jeito".
- Dificuldade em lidar com imprevistos, não gostar de surpresas.
- Não gostar quando é convidada para um evento social: precisa ser avisada com antecedência para "se preparar" antes, mesmo que para simples saídas sociais.
- Precisar se preparar "psicologicamente" para novas situações.
- Dificuldade em mudar de rotina, com planejamento mental sobre todos os passos do que precisa fazer ou

da rotina do dia: "Não posso sair da minha rotina"; "Namoro mudaria minha rotina e isso me incomodaria, estou bem sozinha, minha vida está boa como está"; "Não gosto nada de receber visitas, por causa da quebra de rotina".

- Precisar cumprir sua rotina exatamente conforme planejado em seus checklists.
- Gostar de guardar seus objetos pessoais sempre no mesmo lugar e arrumar sempre do mesmo jeito.
- Manter roupas organizadas por cores.
- Manter rituais ao realizar atividades domésticas: "Para lavar a louça, tem uma ordem certa, e se trouxerem algo da categoria que eu já lavei – por exemplo, já lavei colheres e agora estou lavando pratos –, eu não vou lavar, vou deixar na pia. Vou lavar se a pessoa insistir, mas isso me deixa muito chateada, e demoro para me recompor com a pessoa".
- Ter rituais nas atividades diárias: por exemplo, ter um jeito específico de preparar o leite, ter uma ordem específica para tomar banho, colocar a mesa, colocar a comida no prato etc.

- Ficar irritada e agressiva quando uma coisa não ocorre como planejou, tendo dificuldade para lidar com frustrações.
- Gostar que a mesma sequência ocorra em atividades no trabalho, mantendo a ordem de realização das tarefas "para facilitar a conclusão e não acumular serviço": "Às vezes, quero fazer do meu jeito e torço a cara, não consigo disfarçar"; "Já aconteceu de um chefe me pedir para fazer algo e eu fiz o contrário"; "Meu cérebro demora para gravar novos procedimentos e regras".

3. Interesses fixos e altamente restritos anormais em intensidade ou foco (por exemplo, forte apego a, ou preocupação com, objetos incomuns, interesses excessivamente circunscritos ou perseverativos).

- Ter preferência por conversar sobre os tópicos de seu interesse, temas do seu hiperfoco. Na escola, isso pode dificultar muito a socialização das meninas, uma vez que, geralmente, são interesses incomuns, diferentes dos interesses das colegas.

- Hiperfoco em um determinado tema de modo obsessivo.
- Fazer coleção de determinados objetos/temas de hiperfoco.
- Não gostar de conversar sobre assuntos que não são do seu interesse e tentar mudar de assunto para algo que lhe interessa.
- Conseguir iniciar conversas, no entanto, para se manter engajada na conversa, precisa que o tema seja do seu interesse.
- Pensar ou falar repetidamente sobre a mesma coisa.
- Pensamentos repetitivos em looping, sem conseguir tirar algo da mente. Uma vez que começa a pensar em determinada coisa, diz coisas como: "Fico envolvida naquilo", "Perco a noção do tempo", "Não presto atenção nas minhas necessidades fisiológicas".
- Escutar as mesmas músicas dezenas de vezes.
- Escutar uma playlist de músicas na mesma ordem.
- Assistir a um mesmo filme ou episódio de série dezenas de vezes (decorando inclusive as falas dos personagens).

- Um maior interesse em atividades concretas, com hiperfoco em formas, cores, letras e números, nas meninas pequenas.
- Preferir brincar com os mesmos brinquedos.
- Repetir diversas vezes uma atividade que lhe dá prazer (por exemplo, assistir ao mesmo filme).
- Ler compulsivamente: "Lia um livro por dia e não dormia para isso", "Também teve uma época em que eu queria comprar mais de seis livros por mês".

4. Hiper ou hiporreatividade a estímulos sensoriais ou interesse incomum por aspectos sensoriais do ambiente (por exemplo, indiferença aparente à dor/temperatura, reação contrária a sons ou texturas específicas, cheirar ou tocar objetos de forma excessiva, fascinação visual por luzes ou movimento).

- Ingerir itens que não são alimentos (alotriofagia; síndrome de pica).
- Seletividade alimentar que pode se apresentar desde bebê.

- Sentir ânsia de vômito, não comer ou ter preferência por determinados alimentos, que podem variar (cor, temperatura, textura – gordurosos, fritos, moles, duros, crocantes).
- Colocar brinquedos e objetos na boca quando já maiores (quando não são mais bebês).
- Interesse excessivo por objetos de propriedade sensorial (som, luz, texturas, movimentos).
- Ficar facilmente sobrecarregada com as interações sociais.
- Desconforto com certos cheiros, ruídos e texturas.
- Sentir desconforto extremo com as texturas de etiquetas e de lã, quando em contato com a pele.
- Sensibilidade ao toque, principalmente nas aproximações afetivas dos rapazes: não gostar de "contato físico com humanos" (pode haver a exceção de uma determinada pessoa muito próxima), evitar ao máximo apertos de mão, abraços, beijos na boca com a língua, e contato físico sexual.
- Não ir a determinados banheiros, especialmente em espaços públicos, mesmo estando com necessidade.

- Muita sensibilidade a odores: desconforto e desencadeamento de enjoo ou uma enxaqueca.
- Diagnóstico de labirintite ou enxaqueca associadas à sobrecarga social ou sensorial (barulho, cheiro das comidas, perfume das pessoas).
- Fotofobia, fotossensibilidade.
- Muita sensibilidade a barulhos: sons estridentes, estouro de balões decorativos, fogos de artifício, latidos de cachorro, pessoas mastigando, cortador de unhas, crianças brincando; "o mastigar da cachorra", "músicas que o vizinho ouve", instrumentos musicais da aula de música da escola, alguém cantando etc.
- Gostar de ir a shoppings e restaurantes, mas que sejam sem muitas pessoas, e a locais amplos, como praia.
- Evita o máximo possível estar em locais com muito barulho e aglomeração de pessoas quando sai na rua.
- Claustrofobia: quando está em lugares com muitas pessoas, como elevador, metrô e ônibus, ter a sensação de estar "dentro de uma caixa" e sentir ânsia de vômito.

- Intolerância a lugares pequenos ou fechados, sem luz.
- Sentir-se ansiosa e com desconforto quando precisa estar em lugares com muito movimento de pessoas e barulho.
- Sentir-se muito cansada após sair de ônibus/metrô ou de lugares com muita gente.
- Passar vários dias sentindo-se exausta após eventos sociais.
- Não suportar o toque leve/suave, chegando a sentir dor, como um machucado.
- Alta tolerância à dor e ao frio.
- Dificuldades para distinguir sensações fisiológicas, como fome e saciedade, vontade de urinar ou defecar (não saber se está com vontade de ir ao banheiro).
- Chorar/gritar por não gostar de lavar, cortar ou pentear os cabelos quando criança.
- Sentir desconforto ao cortar as unhas.
- Sentir desconforto ao tocar objetos molhados.
- Sentir desconforto ao pisar em determinadas texturas e (às vezes), por isso, andar na ponta dos pés.

- Ter dificuldade no diagnóstico de doenças ou ferimentos, quando criança, pois não demonstra dor ou não sabe comunicar que está com dor ou que se machucou.

5.2 OUTRAS CARACTERÍSTICAS CLÍNICAS DO TEA FEMININO QUE EXTRAPOLAM OS CRITÉRIOS DIAGNÓSTICOS

- Fingimento/mascaramento: fingir que gosta das mesmas coisas que as outras pessoas, imitar o comportamento das colegas, o que fazem e o que falam, para tentar mascarar suas dificuldades e conseguir se aproximar delas, de alguma forma. "Aprendi a escutar o interesse de outras pessoas e compartilhar os delas para ver se têm algo em comum, para conseguir manter uma conversa".
- Sentimento de inadequação social, sentir-se deslocada, sentir que não consegue desempenhar os papéis sociais de forma adequada.
- Pronunciar as palavras perfeitamente.
- Usar linguagem mais formal.
- Alterações na linguagem, especialmente na prosódia: fala com velocidade mais pausada ou rápida demais; fala

infantilizada, fala cantada ou fala personificada ("igual de personagem").

- Dificuldades relacionadas à coordenação motora: "muito estabanada, desastrada", viver com marcas roxas porque bate nos objetos dentro de casa, não ter noção espacial, derrubar e quebrar objetos sem querer, tropeçar com frequência.
- Déficit em teoria da mente, que é a capacidade de compreender e interpretar os estados mentais de si mesmo e dos outros, como sentimentos, percepções e desejos.
- Dificuldade em entender e interpretar o pensamento do outro – mesmo que ele não diga, fazer uma leitura de como o outro está se sentindo.
- Interpretar o que é dito exatamente como foi dito (pensamento literal).
- Dificuldade de compreender (interpretar) textos: pode ter dificuldades nas atividades escolares que envolvem produção de textos.
- Identificação com o gênero masculino, preferências por atividades culturalmente relacionadas ao sexo masculino, comportar-se e vestir-se conforme

padrões culturalmente estabelecidos como masculinos ("parece um menino").

- Ter mais facilidade de fazer amizade com meninos.
- Sofrer se as coisas não estiverem "certinhas" (síndrome da boazinha).
- Ter medos irracionais.
- Andar muitos quilômetros para longe, sem se cansar e sem pensar que depois precisa voltar.
- Fugir de casa, afastar-se para longe dos pais em locais públicos, sem ter noção do perigo.
- Insônia ("Já virei a noite sem sono nenhum") ou hipersonia.
- Dificuldade de memorizar a fisionomia das pessoas, associar o nome e o contexto em que conhece as pessoas, mesmo quando em uma convivência próxima.
- Esquecimento frequente, fazer listas para não esquecer, desde coisas simples até as coisas mais importantes.
- Perder objetos com frequência.
- Pensamento acelerado (não ter paciência para esperar o ritmo das coisas ou das pessoas, por exemplo: assistir a vídeos ou áudios do WhatsApp na velocidade

acelerada; dificuldade de fazer uma leitura em ritmo normal, fazendo leitura dinâmica para ver somente tópicos importantes).

- Sentimento de desvalorização.
- Sentimento de falta de identidade ("Ainda não sei quem eu sou, o que eu vou fazer?").
- Pensamentos suicidas.
- Ressaca social após eventos sociais.
- Burnout autista (termo emprestado do inglês): trata-se de um estado de exaustão física, mental ou emocional prolongado, não necessariamente relacionado ao trabalho, que pode surgir como resultado do estresse crônico e da falta de apoio para lidar com a discrepância entre as expectativas e as capacidades da pessoa.
- Shutdown (termo emprestado do inglês): define uma crise interna, caracterizada por um desligamento ou dissociação do ambiente; a pessoa pode não responder à comunicação, ficar imóvel, deitar-se no chão, retirar-se para o quarto e dormir rapidamente em qualquer lugar em que estiver.

- Meltdown (termo emprestado do inglês): define uma crise explosiva, caracterizada pela perda de controle emocional e comportamentos extremos, ficar com raiva, gritar, chorar, jogar-se no chão, agredir as pessoas ao redor; acontece quando se sente extremamente sobrecarregada. É acompanhado por uma perda de controle sobre si mesma, como estresse acumulado com alto nível de ansiedade.

CAPÍTULO 6: COMORBIDADES E DIAGNÓSTICOS EQUIVOCADOS

Uma das razões dos desafios diagnósticos é a comorbidade de outros transtornos e doenças no curso do autismo[1]. De fato, esse tipo de ocorrência tem levado, frequentemente, à exclusão de certas características do TEA ou a alguma mudança em um diagnóstico anterior de autismo.*

Ao longo dos últimos anos de prática clínica, tem sido recorrente receber mulheres para avaliação psicológica com diagnósticos anteriores e em tratamento medicamentoso para transtornos de ansiedade, depressão, transtorno bipolar ou transtorno de personalidade borderline.

As mulheres que procuraram nossa avaliação foram mães de autistas ou mulheres que tiveram o diagnóstico de autismo

* Este capítulo baseia-se, em grande parte, nas publicações de Driver e Chester (2021), Napolitano *et al.* (2022), Rødgaard *et al.* (2021), Rujeedawa e Zaman (2022) e Rynkiewicz, Janas-Kozik e Słopień (2019). Quando citados em segunda mão, os artigos científicos encontrados nessas publicações serão referenciados no final do capítulo, conforme a numeração indicada.

em alguém da família, e que, por isso, começaram a olhar para suas próprias características, iniciando um processo de identificação com o TEA em si mesmas.

Um estudo de base populacional (com genética molecular) conduzido por Lundström *et al.* (2015)[2], cobrindo os pais de todos os gêmeos nascidos na Suécia, entre 1992 e 2001 (n = 19.130), mostrou que o autismo sem transtornos coexistentes foi encontrado em menos de 5% dos casos. Esse estudo e vários outros, que serão apresentados ao longo deste capítulo, evidenciam que a investigação das comorbidades é importante à medida que é muito provável que uma autista seja diagnosticada também com mais alguma outra condição, que não seja o TEA, e a condução adequada de seu tratamento ou adequação dos suportes de que ela necessita dependem da definição assertiva dessas condições.

A prevalência de comorbidade psiquiátrica no TEA está documentada por diversos estudos que detectaram que cerca de 70% dos indivíduos autistas apresentam problemas de comportamento e comorbidade psiquiátrica. Além disso, 41% das crianças e adolescentes autistas apresentam dois ou mais transtornos concomitantes e mais de um terço apresenta três ou mais transtornos além do TEA. Mais especificamente, os transtornos psiquiátricos mais frequentes encontrados são transtorno de ansiedade social (29%), transtorno de déficit de atenção e hiperatividade (28%), transtorno desafiador de oposição (28%), transtorno depressivo maior (0,9%), transtorno distímico (0,5%) e transtorno de conduta (3%) (Napolitano *et al.*, 2022).

6.1 DESAFIOS DA INVESTIGAÇÃO DE COMORBIDADES E DIAGNÓSTICOS DE TEA PERDIDOS

Não tem sido raro, também, receber meninas maiores e adolescentes para avaliação a partir dos 10 anos com queixas de dificuldades sociais, ansiedade e depressão. As queixas nessa faixa etária, geralmente, estão relacionadas com a tendência ao isolamento, a não conseguir fazer amizades e à dificuldade para se relacionar com o sexo oposto – relacionamentos amorosos –, ou à dificuldade de assumir sua homossexualidade, além de outras questões de gênero. Já as bebês e meninas pequenas (entre 2 e 4 anos) têm sido conduzidas para avaliação em virtude de queixas de hiperatividade, atraso de fala, dificuldades alimentares e sensoriais, além de crises de regulação emocional.

Já diagnosticar TEA durante a idade adulta pode ser difícil para os médicos por diversas razões. Pesquisas sobre essa problemática têm constatado que os possíveis desafios estejam relacionados às dificuldades encontradas na obtenção de informações sobre a história do desenvolvimento e à presença de estratégias de enfrentamento e camuflagem, mais particularmente nos casos de mulheres e meninas (Napolitano *et al.*, 2022). Chega-se a falar em "epidemia de autismo", mas adultos no espectro podem nunca ter sido encaminhados para serviços psiquiátricos infantis ou adultos (ou seja, trata-se de diagnósticos perdidos), podem ter sido diagnosticados incorretamente com outros transtornos psiquiátricos durante a vida, e/ou outro transtorno psiquiátrico comórbido pode ter encoberto, parcialmente, os sintomas principais do TEA.

Em consonância com nossa prática clínica, os achados dos estudos de Napolitano *et al.* (2022) sobre o tema indicam que adultos do sexo feminino e masculino com TEA buscam os serviços de saúde mental pela primeira vez, geralmente, por problemas sociais, sentimentos de ansiedade e distúrbios de humor. Nesses casos, os diagnósticos anteriores mais comuns têm sido transtornos de ansiedade e humor, ou relacionados à psicose, fazendo com que o risco de não ser diagnosticado seja ainda mais elevado para as mulheres.

Dentre as pesquisas sobre tal problemática, encontramos em Rujeedawa e Zaman (2022) a informação de que entre 35 e 42% das pessoas autistas têm uma deficiência intelectual. Além disso, somos informados de que as comorbidades associadas ao autismo incluem ansiedade, depressão, transtorno afetivo bipolar, transtorno obsessivo-compulsivo (TOC), transtorno de déficit de atenção e hiperatividade (TDAH), psicose, convulsões, problemas de peso, hipertensão e muitas outras.

Uma outra questão a ser considerada diz respeito aos transtornos alimentares que estão associados ao autismo e, particularmente, em mulheres, podem ser, em parte, devido a problemas de integração sensorial[3]. A esse respeito, lembramos que existem dois tipos de transtornos alimentares associados ao autismo: transtorno de ingestão alimentar evitativa/restritiva e anorexia nervosa[4]. A anorexia nervosa e autismo têm muitos paralelos, com ambos os grupos exibindo indiferença, rigidez, comportamentos e interesses restritos e repetitivos, além de comprometimento social[5]. Nessa linha de estudos, ao investigarem a relação entre anorexia nervosa e autismo, foi constatado que mulheres anoréxicas tendem a ter traços autistas elevados, dificultando distinguir se os fenótipos exibidos são parte de anorexia nervosa ou se há uma co-ocorrência de autismo[6].

A síndrome de Ehlers–Danlos (EDS), ou transtorno do espectro da hipermobilidade (HSD), é outro transtorno comumente associado ao autismo feminino[7], ocorrendo com frequência e simultaneamente nas mesmas famílias[8]. Devido ao fato de ser tratada por diferentes especialidades médicas, essa comorbidade frequentemente passa despercebida em casos de autismo[9]. É importante notar que, embora essas condições possam parecer diferentes, na verdade, compartilham várias características, tais como problemas de coordenação, questões sensoriais, desregulação autonômica, desregulação imunológica e características neurocomportamentais, psiquiátricas e neurológicas[10].

6.2 ASSOCIAÇÃO DO AUTISMO A UM RISCO DESPROPORCIONALMENTE AUMENTADO DE DIAGNÓSTICOS COMÓRBIDOS NAS MULHERES

Ao estudarem as comorbidade relacionadas ao autismo, Rødgaard *et al.* (2021), pesquisadores da Dinamarca e do Canadá, usaram o registro nacional dinamarquês de pacientes e investigaram incidências cumulativas, até a idade de 16 anos, de onze condições comórbidas ao autismo (psicose, transtornos afetivos, transtornos de ansiedade, transtorno de conduta, transtornos alimentares, transtorno obsessivo-compulsivo, transtorno de déficit de atenção e hiperatividade, epilepsia, transtornos de tiques, transtornos do sono ou deficiência intelectual). Nessa pesquisa, foram investigados os diagnósticos de indivíduos autistas (n = 16.126) e indivíduos não autistas (n = 654.977). Em seus resultados, os pesquisadores assinalaram o seguinte:

- a maioria das comorbidades foi significativamente associada ao ano de nascimento e ao sexo.
- os autistas têm 67% de chance a mais de terem pelo menos oito das onze comorbidades investigadas, em comparação a população não autista.
- o autismo está associado a um risco desproporcionalmente aumentado de diagnósticos comórbidos para mulheres do que para homens, indicando, ainda mais, que os estudos de comorbidade devem examinar e levar em conta as diferenças baseadas no sexo.

A respeito desses achados, os pesquisadores apresentam um argumento que, parece-nos, merece uma especial atenção: o fato de uma disparidade de proporção sexual ter sido observada entre as condições comórbidas indica que o efeito é causado por um fator comum relacionado ao autismo, em vez de fatores distintos para cada uma das condições comórbidas, e tal fator pode ser biológico ou de natureza diagnóstica.

Ainda segundo Rødgaard *et al.* (2021), a descoberta de que o autismo está associado a um aumento desproporcionalmente alto no risco de comorbidade para mulheres pode ser explicada pelas diferenças biológicas de como o transtorno afeta homens e mulheres, em consonância com os estudos que abordamos nos capítulos anteriores. Uma das hipóteses para essa ocorrência, apresentada por eles, é a do efeito protetivo, que postula que as mulheres têm um limiar mais alto para fatores etiológicos associados ao autismo, ou seja, elas têm menor risco de autismo em comparação aos homens com os mesmos níveis de fatores causadores, como as variantes genéticas[11]. Por outro lado, como as variantes genéticas associadas ao autismo são frequentemente relacionadas a um risco aumentado de outras condições psiquiátricas[12], isso poderia explicar por que as mulheres que desenvolvem o transtorno têm maior risco de comorbidade, uma vez que, de um modo geral, teriam uma carga maior de variantes genéticas predisponentes.

6.3 EQUÍVOCOS DIAGNÓSTICOS SUBJACENTES ÀS QUESTÕES DE SAÚDE MENTAL DAS AUTISTAS NÃO DIAGNOSTICADAS

Retomando a problemática do desafio de se identificar comorbidades e realizar o diagnóstico diferencial do TEA, foco de interesse neste capítulo, é muito importante ressaltar que mulheres autistas não diagnosticadas muitas vezes procuram apoio para dificuldades de saúde mental, mas seu o autismo pode passar despercebido (Driver e Chester, 2021). Como é comum que profissionais não tenham consciência suficiente ou conhecimento sobre o autismo em mulheres, podem não considerá-lo como uma causa subjacente de dificuldades de saúde mental. Desse modo, quaisquer dificuldades são então atribuídas ao(s) problema(s) de saúde mental, um fenômeno conhecido como ofuscamento diagnóstico, que contribui para o sub-reconhecimento do autismo em mulheres[13].

Outros estudos[14] também abordam o diagnóstico errado, que é atribuído a sinais, sintomas e características diagnósticas, comuns no autismo e também em outras condições de saúde mental. Muitas autistas são as primeiras percebidas como tendo transtorno de personalidade *borderline* (TPB), devido à sobreposição de sintomas em áreas como verbalização de emoções, relacionamentos intensos, amizades superficiais e déficit no funcionamento social. Ainda foram observadas semelhanças entre o autismo e a anorexia nervosa[15], com sintomas sobrepostos, incluindo questões de disfunção executiva, reconhecimento e regulação emocional, falta de interesse no contato social e dificuldades nos relacionamentos e nas atividades sociais de lazer[16].

Ademais, como nos informa Zener (2019)[17], o autismo pode ser diagnosticado erroneamente como transtorno obsessivo compulsivo (TOC), devido a características de comportamentos repetitivos, compulsivos e pensamentos obsessivos. As mulheres também costumam receber um diagnóstico de transtorno do déficit de atenção e hiperatividade (TDAH) antes da identificação do autismo. No entanto, segundo o pesquisador, embora tais diagnósticos possam direcionar intervenções para dificuldades de atenção, comportamento e funcionamento executivo, outras podem ser negligenciadas. Os estudos de Salazar *et al.* (2015)[18] informam que os meninos apresentam taxas mais elevadas de TDAH e transtorno desafiador de oposição (TDO) em comparação com as meninas, no que tange a crianças autistas, de 4/5 a 8/9 anos, com e sem deficiência intelectual.

6.4 QUESTÕES DE IDENTIDADE DE GÊNERO, AUTISMO E SAÚDE MENTAL

Outro tópico relevante a ser considerado é que indivíduos autistas, especialmente mulheres, têm relatado mais traços de disforia de gênero (DG) do que seus pares não autistas[19], enquanto estudos revelam o autismo como sendo altamente prevalente em indivíduos com DG[20]. Explorando a temática, uma pesquisa revelou que algumas autistas sentem que não estão em conformidade com as expectativas de gênero e se identificam mais com colegas do sexo masculino[21]. Em outra pesquisa, Kourti e MacLeod (2019)[22] destacam como ambos os grupos de indivíduos, os autistas e aqueles com identidade de gênero atípica, têm risco aumentado de dificuldades de saúde mental. Em outras palavras, a saúde mental de pessoas autistas que apresentam identidades de gênero atípicas pode ser particularmente afetada, necessitando de maior suporte profissional.

Nessa linha de investigação, Sedgewick, Leppanen e Tchanturia (2020)[23] investigaram diferenças de gênero autorreferidas de 948 pessoas autistas entre 18 e 81 anos. As descobertas sugeriram que as pessoas autistas são mais propensas a terem ansiedade, depressão e distúrbios alimentares do que pessoas não autistas. E, quando se trata dos indivíduos dentro do espectro, a sintomatologia aumentou, assim como a prevalência de problemas de saúde mental. Ao mesmo tempo, os resultados indicaram que mulheres autistas e pessoas não binárias tiveram problemas de saúde mental em taxas mais elevadas do que os homens, e em taxas semelhantes entre si.

6.5 MENINAS AUTISTAS E A INTERNALIZAÇÃO DE DIFICULDADES

Um outro ponto que temos observado é que, assim como um diagnóstico de saúde mental recebido, em um primeiro momento, pode ofuscar um possível caso de autismo, este pode, por sua vez, ofuscar um outro possível diagnóstico de saúde mental. É provável que a identificação de problemas de saúde mental em indivíduos autistas seja mais difícil (e desafiadora) em razão das dificuldades de comunicação, de construção de relacionamentos terapêuticos ou de introspecção emocional, que impactam a avaliação.

Sobre tais dificuldades, estudos científicos[24] revelaram que as meninas autistas parecem mais propensas a internalizarem suas dificuldades, enquanto que os meninos tendem a externalizá-las. Os transtornos internalizantes referem-se à expressão interna de dificuldades emocionais e podem se manifestar como ansiedade, depressão, transtornos alimentares, entre outros. Por outro lado, os transtornos externalizantes referem-se à expressão externa de dificuldades emocionais e podem se apresentar como problemas comportamentais e desatenção. Conforme nos informam tais pesquisas, sendo menos aparentes do que os transtornos externalizantes, os internalizantes têm sido considerados uma razão por trás do diagnóstico comum equivocado de autismo feminino e de sua percepção como um transtorno masculino.

6.6 DIFERENÇA DE GÊNERO/SEXO NAS COMORBIDADES

As diferenças sexuais na comorbidade psicopatológica em crianças autistas ainda são debatidas e os estudos, inconsistentes. Nas pesquisas de comparação com as mulheres, no geral, os homens autistas demonstraram mais comportamentos externalizantes, como agressividade e hiperatividade. Por outro lado, as mulheres autistas têm maior probabilidade de apresentar problemas de internalização, depressão, risco de suicídio, ansiedade e outras questões emocionais[25]. No entanto, os estudos ainda apresentam resultados diferentes e contrastantes, como é o caso de Frazier *et al.* (2014)[26], por exemplo, que encontraram mais problemas de comportamento externalizantes, irritabilidade, letargia e comportamentos autolesivos em mulheres do que em homens, enquanto outros[27] encontraram maior taxa de comorbidades psiquiátricas em homens.

Por fim, há pesquisas que informam que, frequentemente, as mulheres têm história clínica prévia de múltiplos diagnósticos, como depressão, ansiedade, anorexia nervosa e surgimento de transtorno de personalidade[28]. Mulheres autistas são diagnosticadas com mais frequência em relação aos homens com ansiedade, transtorno bipolar, demência, depressão, transtornos esquizofrênicos e tentativas de suicídio. Os homens, por outro lado, têm maior probabilidade de sofrer de TOC, TDAH, abuso de álcool e dependência de drogas[29].

REFERÊNCIAS BIBLIOGRÁFICAS

[1] LAI, M.; BARON-COHEN, S. Identifying the lost generation of adults with autism spectrum conditions. *Lancet Psychiatry*, Bethesda, v. 2, n. 11, p. 1013-1027, 2015.

RYNKIEWICZ, A.; ŁUCKA, I. Autism spectrum disorder (ASD) in girls: co-occurring psychopathology. Sex differences in clinical manifestation. *Psychiatria Polska*, Bethesda, v. 52, n. 4, p. 629-639, 2018; citados por Rynkiewicz, Janas- Kozik e Słopień (2019).

[2] LUNDSTRÖM, S.; REICHENBERG, A.; MELKE, J.; RASTAM, M. Autism spectrum disorders and coexisting disorders in a nationwide swedish twin study. *The Journal of Child Psychology and Psychiatry and Allied Disciplines*, Bethesda, v. 56, n. 6, p. 702-710, 2015; citados por Rynkiewicz, Janas-Kozik e Słopień (2019).

[3] LAI, M.; BARON-COHEN, S. Identifying the lost generation of adults with autism spectrum conditions. *Lancet Psychiatry*, Bethesda, v. 2, n. 11, p. 1013-1027, 2015.

BROWN, C. M.; STOKES, M. A. Intersection of eating disorders and the female profile of autism. *Child and Adolescent Psychiatric Clinics of North America*, Bethesda, v. 29, p. 409-417, 2020; citados por Rujeedawa e Zaman (2022).

[4] BERNEY, T. *et al. The psychiatric management of autism in adults* – CR228 (College Report). Londres: Royal College of Psychiatry, 2020; citados por Rujeedawa e Zaman (2022).

[5] KERR-GAFFNEY, J.; HAYWARD, H.; JONES, E. J. H.; HALLS, D.; MURPHY, D.; TCHANTURIA, K. Autism symptoms in anorexia

nervosa: a comparative study with females with autism spectrum disorder. *Molecular Autism*, Londres, v. 12, n. 1, p. 47, 2021.

ZUCKER, N. L.; LOSH, M.; BULIK, C. M.; LABAR, K. S.; PIVEN, J.; PELPHREY, K. A. Anorexia nervosa and autism spectrum disorders: Guided investigation of social cognitive endophenotypes. *Psychologie Bulletin*, Bethesda, v. 133, n. 6, p. 976-1006, 2007; citados por Rujeedawa e Zaman (2022).

[6] BARON-COHEN, S.; JAFFA, T.; DAVIES, S.; AUYEUNG, B.; ALLISON, C.; WHEELWRIGHT, S. Do girls with anorexia nervosa have elevated autistic traits? *Molecular Autism*, Londres, v. 4, n. 1, p. 24, 2013.

BENTZ, M.; WESTWOOD, H.; MØLLEGAARD JEPSEN, J. R.; PLESSEN, K. J.; TCHANTURIA, K. The autism diagnostic observation schedule: Patterns in individuals with anorexia nervosa. *European Eating Disorders Review*, Londres, v. 28, n. 5, p. 571-579, 2020; citados por Rujeedawa e Zaman (2022).

[7] CASANOVA, E. L.; BAEZA-VELASCO, C.; BUCHANAN, C. B.; CASANOVA, M. F. The relationship between autism and Ehlers-Danlos syndromes/hypermobility spectrum disorders. *Journal of Personalized Medicine*, [*s. l.*], v. 10, n. 4 p. 260, 2020.

CEDERLÖF, M.; LARSSON, H.; LICHTENSTEIN, P.; ALMQVIST, C.; SERLACHIUS, E.; LUDVIGSSON, J. F. Nationwide population-based cohort study of psychiatric disorders in individuals with Ehlers-Danlos syndrome or hypermobility syndrome and their siblings. BMC *Psychiatry*, Estocolmo, v. 16, p. 207, 2016; citados por Rujeedawa e Zaman (2022).

[8] CASANOVA, E. L.; SHARP, J. L.; EDELSON, S. M.; KELLY, D. P.; SOKHADZE, E. M.; CASANOVA, M. F. Immune, autonomic, and endocrine dysregulation in autism and Ehlers-Danlos syndrome/hypermobility spectrum disorders versus unaffected controls. *Journal for Reattach Therapy and Developmental Diversities*, Greenville, v. 2, n. 2, p. 82-95, 2019; citados por Rujeedawa e Zaman (2022).

[9] BAEZA-VELASCO, C. *et al.* Autism, joint hypermobility-related disorders and pain. *Frontiers in Psychiatry*, Bethesda, v. 9, p. 656, 2018; citados por Rujeedawa e Zaman (2022).

[10] CASANOVA, E. L.; BAEZA-VELASCO, C.; BUCHANAN, C. B.; CASANOVA, M. F. The relationship between autism and Ehlers-Danlos syndromes/hypermobility spectrum disorders. *Journal of Personalized Medicine*, [*s. l.*], v. 10, n. 4 p. 260, 2020.

[11] ROBINSON, E. B.; LICHTENSTEIN, P.; ANCKARSÄTER, H.; RONALD, A. Examining and interpreting the female protective effect against autistic behavior. *Proceedings of the National Academy of Sciences*, Bethesda, v. 110, n. 13, p. 5258-5262, 2013; citados por Rødgaard *et al.* (2021).

[12] CARROLL, L. S.; OWEN M. J. Genetic overlap between autism, schizophrenia and bipolar disorder. *Genome Medicine*, Bethesda, v. 1, n. 10, p. 102, 2009; GROVE, Jakob *et al.* Identification of common genetic risk variants for autism spectrum disorder. *Nature Genetics*, Londres, v. 51, n. 3, p. 431-444, 2019; citados por Rødgaard *et al.* (2021).

[13] LAI, M.; LOMBARDO, M. V.; AUYEUNG, B.; CHAKRABARTI, B.; BARON-COHEN, S. Sex/gender differences and autism: Setting the scene for future research. *Journal of the American Academy of Child and Adolescent Psychiatry*, Londres, v. 54, n. 1, p. 11-24, 2015.

ZENER, D. Journey to Diagnosis for Women with Autism. *Advances in Autism*, Leeds, v. 5, n. 1, p. 2-13, 2019; citado por Driver e Chester (2021).

[14] DELL'OSSO, L. *et al.* Correlates of autistic traits among patients with borderline personality disorder. *Comprehensive Psychiatry*, Bethesda, v. 83, p. 7-11, 2018; citados por Driver e Chester (2021).

[15] BARON-COHEN, S.; JAFFA, T.; DAVIES, S.; AUYEUNG, B.; ALLISON, C.; WHEELWRIGHT, S. Do girls with anorexia nervosa have elevated autistic traits? *Molecular Autism*, Londres, v. 4, n. 1, p. 24, 2013.

ZUCKER, N. L.; LOSH, M.; BULIK, C. M.; LABAR, K. S.; PIVEN, J.; PELPHREY, K. A. Anorexia nervosa and autism spectrum disorders: guided investigation of social cognitive endophenotypes. *Psychologie Bulletin*, Bethesda, v. 133, n. 6, p. 976-1006, 2007; citados por Rujeedawa e Zaman (2022).

[16] TCHANTURIA, K. *et al.* Exploring autistic traits in anorexia: a clinical study. *Molecular Autism*, Londres, v. 4, n. 1, p. 44, 2013; citados por Driver e Chester (2021).

[17] ZENER, D. Journey to diagnosis for women with autism. *Advances in Autism*, Leeds, v. 5, n. 1, p. 2-13, 2019; citado por Driver e Chester (2021).

[18] SALAZAR, F. *et al.* Co-occurring psychiatric disorders in preschool and elementary school-aged children with autism spectrum disorder. *Journal of Autism and Developmental Disorders*, Bethesda, v. 45, n. 8, p. 2283-2294, 2015; citados por Napolitano *et al.* (2020).

[19] GEORGE, R.; STOKES, M. A. Gender identity and sexual orientation in autism spectrum disorder. *Autism*, Bethesda, v. 22, n. 8, p. 970-982, 2018; citados por Driver e Chester (2021).

[20] BARGIELA, S.; STEWARD, R.; MANDY, W. The experiences of late-diagnosed women with autism spectrum conditions: an investigation of the female autism phenotype. *Journal of Autism and Developmental Disorders*, Bethesda, v. 46, n. 10, p. 3281-3294, 2016.

FIELDING, J.; BASS, C. Individuals seeking gender reassignment: Marked increase in demand for services. *BJPsych Bulletin*, Cambridge, v. 42, n. 5, p. 206-210, 2018.

GLIDDEN, D.; BOUMAN, W. P.; JONES, B. A.; ARCELUS, J. Gender dysphoria and autism spectrum disorder: a systematic review of the literature. *Sexual Medicine Reviews*, Bethesda, v. 4, n. 1, p. 3-14, 2016.

NOBILI, A. *et al.* Autistic traits in treatment-seeking transgender adults. *Journal of Autism and Developmental Disorders*, Bethesda, v. 48, n. 12, p. 3984-3994, 2018.

VAN DER MIESEN, A. I. R.; HURLEY, H.; DE VRIES, A. L. C. Gender dysphoria and autism spectrum disorder: a narrative review. *International Review of Psychiatry*, Bethesda, v. 28, n. 1, p. 70-80, 2016; citados por Driver e Chester (2021).

[21] KANFISZER, L.; DAVIES, F.; COLLINS, S. 'I was just so different': the experiences of women diagnosed with an autism spectrum disorder in adulthood in relation to gender and social relationships. Autism, Bethesda, v. 21, n. 6, p. 661-669, 2017; citados por Driver e Chester (2021).

[22] KOURTI, M.; MACLEOD, A. "I don't feel like a gender, I feel like myself": autistic individuals raised as girls exploring gender identity. *Autism in Adulthood*, Bethesda, v.1, n. 1, p. 52–59, 2019; citados por Driver e Chester (2021).

[23] SEDGEWICK, F.; LEPPANEN, J.; TCHANTURIA, K. Gender differences in mental health prevalence in autism. *Advances in Autism*, Bristol. v. 7, n. 3, [s. p.], 2020; citados por Driver e Chester (2021).

[24] CARPENTER, B.; HAPPE, F.; EGERTON, J. *Girls and autism*: educational, family and personal perspectives. Londres: Routledge, 2019.

HULL, L.; PETRIDES, K. V.; MANDY, W. The female autism phenotype and camouflaging: a narrative review. *Review Journal of Autism and Developmental Disorders*, Londres, v. 7, p. 306-317, 2020; citados por Driver e Chester (2021) e Rujeedawa e Zaman (2022).

[25] DEAN, M.; HARWOOD, R.; KASARI, C. The art of camouflage: gender differences in the social behaviors of girls and boys with autism spectrum disorder. *Autism*, Bethesda, v. 21, n. 6, p. 678-689, 2017.

SO, P.; WIERDSMA, A. I.; VAN BOEIJEN, C.; VERMEIREN, R. R. J. M.; MULDER, N. C. L. Gender differences between adolescents with autism in emergency psychiatry. *Autism*, Bethesda, n. 25, p. 2331-2340, 2021.

WERLING, D. M.; GESCHWIND, D. H. Sex differences in autism spectrum disorders. *Current Opinion in Neurology*, Bethesda, v. 26, n. 2, p. 146-153, 2013; citados por Napolitano *et al.* (2022).

[26] FRAZIER, T. W.; GEORGIADES, S.; BISHOP, S. L.; HARDAN, A. Y. Behavioral and cognitive characteristics of females and males with autism in the Simons Simplex Collection. *Journal of the American Academy of Child and Adolescent Psychiatry*, Bethesda, v. 53, n. 3, p. 329-340, 2014; citados por Napolitano *et al.* (2022).

[27] GUERRERA, S.; MENGHINI, D.; NAPOLI, E.; DI VARA, S.; VALERI, G.; VICARI, S. Assessment of psychopathological comorbidities in children and adolescents with autism spectrum disorder using the child behavior checklist. *Frontiers in Psychiatry*, Bethesda, v. 10, p. 1-8, 2019.

LAI, M.; SZATMARI, P. Resilience in autism: research and practice prospects. *Autism*, Washington D. C., n. 23, p. 539-541, 2019.

PROSPERI, M. *et al.* Sex differences in autism spectrum disorder: an investigation on core symptoms and psychiatric comorbidity in preschoolers. *Frontiers in Integrative Neuroscience*, Bethesda, v. 14, 594082, 2021; citados por Napolitano *et al.* (2022).

[28] RYNKIEWICZ, A. *et al.* An investigation of the "female camouflage effect" in autism using a computerized ADOS-2 and a test of sex/gender differences. *Molecular Autism*, Londres, v. 7, p. 10, 2016.

SOLOMON, M.; MILLER, M.; TAYLOR, S. L.; HINSHAW, S. P.; CARTER, C. S. Autism symptoms and internalizing psychopathology in girls and boys with autism spectrum disorders. *Journal of Autism and Developmental Disorders*, Bethesda, v. 42, n. 1, p. 48-59, 2012; citados por Napolitano *et al.* (2022).

[29] CROEN, L. A. *et al.* The health status of adults on the autism spectrum. *Autism*, Bethesda, v. 19, n. 7, p. 814-823, 2015; citados por Napolitano *et al.* (2022).

REFERENCIAL TEÓRICO

ALLELY, C. S. Exploring the female autism phenotype of repetitive behaviours and restricted interests (CRIR): a systematic PRISMA review. *Advances in Autism*, Leeds, v. 5, n. 3, p. 171-186, 2019a. Disponível em: https://doi.org/10.1108/AIA-09-2018-0030. Acesso em: 12 jun. 2020.

ALLELY, C. S. Understanding and recognising the female phenotype of autism spectrum disorder and the “camouflage” hypothesis: a systematic PRISMA review. *Advances in Autism*, Leeds, v. 5, n. 1, p. 14-37, 2019b. Disponível em: https://doi.org/10.1108/AIA-09-2018-0036. Acesso em: 12 jun. 2020.

AMERICAN PSYCHIATRIC ASSOCIATION (APA). *Manual diagnóstico e estatístico de transtornos mentais (DMS-5)*. 5. ed. Porto Alegre: Artmed, 2014.

AMERICAN PSYCHIATRIC ASSOCIATION (APA). *Manual diagnóstico e estatístico dos transtornos mentais (DSM-5-TR)*. 5. ed. Porto Alegre: Artmed, 2023.

BARGIELA, S.; STEWARD, R.; MANDY, W. The experiences of late-diagnosed women with autism spectrum conditions:

an investigation of the female autism phenotype. *Journal of Autism and Developmental Disorders*, Bethesda, v. 46, n. 10, p. 3281-3294, 2016. Disponível em: https://doi.org/10.1007/s10803-016-2872-8. Acesso em: 18 nov. 2023.

BARNARD-BRAK, L.; RICHMAN, D.; ALMEKDASH, M. H. How many girls are we missing in ASD? An examination from a clinic and community-based sample. *Advances in Autism*, Leeds, v. 5, n. 3, p. 214–224, 2019. Disponível em: https:// www.emerald.com/insight/content/doi/10.1108/AIA-11- 2018-0048/full/html. Acesso em: 18 jun. 2024.

BARON-COHEN, S.; KNICKMEYER, R. C.; BELMONTE, M. K. Sex differences in the brain: Implications for explaining autism. *Science*, Washington D. C., v. 310, n. 5749, p. 819-823, 2005. Disponível em: https://doi.org/10.1126/ science.1115455. Acesso em: 23 nov. 2023.

BECK, A. T.; STEER, Robert A. *Inventário de ansiedade Beck:* BAI. São Paulo: Hogrefe, 2023.

BECK, A. T.; STEER, R. A.; BROWN, G. K. *Inventário de depressão Beck:* BDI-II. São Paulo: Hogrefe, 2019.

BOSA, C. A.; BACKES, B.; ROMEIRO, G.; ZANON, R. B. Avaliação sociocomunicativa nos casos de suspeita de autismo: diretrizes para a hora lúdica diagnóstica. *In*. BOSA, C. A.; TEIXEIRA, M. C. T.

V. (org.). *Autismo*: avaliação psicológica e neuropsicológica. 2. ed. São Paulo: Hogrefe, 2017. p. 83-104.

BOSA, C. A.; SALLES, J. F. de. *PROTEA-R*: sistema de avaliação da suspeita de transtorno do espectro autista. São Paulo: Vetor, 2018.

CONSELHO FEDERAL DE PSICOLOGIA (CFP). Manual para elaboração de documentos escritos. Resolução n. 6, de 29 de março de 2019. Portal da Transparência, Amapá, mar. 2019. Disponível em: https://transparencia.cfp.org.br/crp10/ legislacao/ manual-de-elaboracao-de-documentos-psicologicos/. Acesso em: 12 abr. 2023.

CONSTANTINO, J. N.; GRUBER, C. P. *Manual da SRS-2:* escala de responsividade social. 2. ed. São Paulo: Hogrefe, 2021.

DAVIDSON, J.; GOIN-KOCHEL, R. P.; GREEN-SNYDER, L. A.; HUNDLEY, R. J.; WARREN, Z.; PETERS, S. U. Expression of the broad autism phenotype in simplex autism families from the Simons Simplex Collection. *Journal of Autism and Developmental Disorders*, Londres, v. 44, n. 10, p. 2392-2399, 2014. Disponível em: https://doi.org/10.1007/s10803-012-1492-1. Acesso em: 18 fev. 2024.

DEL PRETTE, A.; DEL PRETTE, Z. *Inventário de habilidades sociais 2*: IHS2-Del-Prette. São Paulo: Pearson, 2018.

DEROGATIS, L. R. *Inventário breve de sintomas – BSI*: manual de aplicação e correção. São Paulo: Pearson, 2019.

DI MENTO, B. *et al.* Sex differences in the broad autism phenotype: Insights from the Australian biobank. *Journal of Autism and Developmental Disorders*, Londres, 18 jul. 2024. Disponível em: https://link.springer.com/article/10.1007/ s10803-024-06466-4. Acesso: 30 jul. 2024.

DRIVER, B.; CHESTER, V. The presentation, recognition and diagnosis of autism in women and girls: a literature review. *Advances in Autism*, Londres, v. 7, n. 3, p. 194-207, 2021. Disponível em: https://doi.org/10.1108/AIA-12-2019-0050. Acesso em: 13 dez. 2023.

DUNN, W. *Perfil sensorial.* São Paulo: Pearson; Casa do Psicólogo, 2017.

ELDEEB, S. Y. *et al.* Sex differences in early autism screening using the modified checklist for autism in toddlers, revised, with follow-up (M-CHAT-R/F). *Autism*, Los Angeles, v. 27, n. 7, p. 2112-2123, 2023. Disponível em: https://doi.org/10.1177/13623613231154728. Acesso em: 13 abr. 2024.

ENDRES, R. G.; LAMPERT, S. S.; SCHUCH, J. B.; ROMAN, T.; BOSA, C. A. O fenótipo ampliado do autismo em genitores de crianças com transtorno do espectro autista – TEA. *Psicologia*: Teoria e Pesquisa, [s. l.], v. 31, n. 3, 2015. Disponível em: https://www.scielo.br/j/ptp/a/jgK5KfHzkYTDsYVjM5zSzjv/. Acesso em: 18 maio 2024.

ESTRIN, G. L.; MILNER, V.; SPAIN, D.; HAPPÉ, F.; COLVERT, E. Barriers to autism spectrum disorder diagnosis for young women and girls: A systematic review. *Journal of Autism and Developmental Disorders*, Londres, v. 8, p. 454-470, 2021. Disponível em: https://doi.org/10.1007/s40489-020-00225-8. Acesso em: 10 abr. 2024.

FONSECA, R. P.; SALLES, J. F. de; PARENTE, M. A. de M. P. *NEUPSILIN*: instrumento de avaliação neuropsicológica breve. São Paulo: Vetor, 2009.

GABRIELSEN, T. P.; BEGAY, K. K.; CAMPBELL, K.; HAHN, K.; HARRINGTON, L. T. *Assessment of autism in females and nuanced presentations*: integrating researching into practice. Cham [Suíça]: Springer, 2023.

KANNER, L. Autistic disturbances of affective contact. *Nervous Child*, [*s. l.*], v. 2, p. 217-250, 1943. Disponível em: https://psycnet.apa.org/record/1943-03624-001. Acesso em: 18 fev. 2024.

HULL, L. *et al.* "Putting on my best normal": social camouflaging in adults with autism spectrum conditions. *Journal of Autism and Developmental Disorders*, Londres, v. 47, n. 8, p. 2519-2534, 2017. Disponível em: https://doi.org/10.1007/s10803-017-3166-5. Acesso em: 13 fev. 2024.

HURLEY, R. S. E.; LOSH, M.; PARLIER, M.; REZNICK, J. S.; PIVEN, J. The broad autism phenotype questionnaire. *Journal of Autism and Developmental Disorders*, Londres, v. 37, n. 9, p. 1679-1690, 2007.

Disponível em: https://doi. org/10.1007/s10803-006-0299-3. Acesso em: 18 fev. 2024.

LAROS, J. A.; TELLEGEN, P. J. *SON-R 2 ½-7 [a]*: teste não verbal de inteligência. São Paulo: Hogrefe, 2015.

LAROS, J. A.; TELLEGEN, P. J.; LIMA, R. M. F. de; VALENTINI, F. *SON-R 6-40*: teste não verbal de inteligência. São Paulo: Hogrefe, 2022.

LAROS, J. A.; JESUS, G. R. de; KARINO, C. A. Validação brasileira do teste não-verbal de inteligência SON-R 2½-7[a]. *Avaliação Psicológica*, Brasília, v. 12, n. 2, [s. p.], 2013. Disponível em: https://pepsic.bvsalud.org/scielo.php?script=sci_arttext&pid=S1677-04712013000200014. Acesso em: 22 jan. 2024.

LOOMES, R.; HULL, L.; MANDY, W. P. L. What is the male-to-female ratio in autism spectrum disorder? A systematic review and meta-analysis. *Journal of the American Academy of Child & Adolescent Psychiatry*, Nova Iorque, v. 56, n. 6, p. 466-474, 2017. Disponível em: https://doi.org/10.1016/j.jaac.2017.03.013. Acesso em: 5 dez. 2023.

LORD, C.; ELSABBAGH, M.; BAIRD, G.; VEENSTRA-VANDERWEELE, J. Autism spectrum disorder. *Nature Reviews Disease Primers*, Londres, v. 6, n. 5, [s. p.], 2020. Disponível em: https://doi.org/10.1038/s41572-019-0138-4. Acesso em: 5 dez. 2023.

MAENNER, M. J. *et al.* Prevalence and characteristics of autism spectrum disorder among children aged 8 years: autism and developmental disabilities monitoring network, 11 Sites, United States, 2020. *Surveillance Summaries*, Washington D. C., v. 72, n. 2, p. 1-14, 2023. Disponível em: http://dx.doi.org/10.15585/mmwr.ss7202a1. Acesso em: 22 jan. 2024.

MALLOY-DINIZ, L. F.; FUENTES, D.; MATTOS, P.; ABREU, N. *Avaliação neuropsicológica*. Porto Alegre: Artmed, 2010.

MARFINATI, A. C.; ABRÃO, J. L. F. F. Um percurso pela psiquiatria infantil: dos antecedentes históricos à origem do conceito de autismo. *Estilos da Clínica*, São Paulo, v. 19, n. 2, [s. p.], 2014. Disponível em: https://pepsic.bvsalud.org/scielo.php?script=sci_arttext&pid=S1415-71282014000200002. Acesso em: 18 out. 2023.

NAPOLITANO, A. *et al.* Sex differences in autism spectrum disorder: Diagnostic, neurobiological, and behavioral features. *Frontiers in Psychiatry*, Lausanne [Suíça], v. 13, 889636, 2022. Disponível em: https://doi.org/10.3389/ fpsyt.2022.889636. Acesso em: 13 maio 2024.

ORSATI, F. T. Funções sensório-motoras em indivíduos com transtorno do espectro autista. *In*: BOSA, C. A.; TEIXEIRA, M. C. T. V. (org.). *Autismo*: avaliação psicológica e neuropsicológica. 2. ed. São Paulo: Hogrefe, 2017. p. 206-218.

PARTINGTON, J. W.; MULLER, M. M. *Avaliação de habilidades funcionais*: habilidades essenciais para a independência em casa, escola e uma variedade de ambientes. São José dos Campos [SP]: Luna Educação, 2012.

REY, A. *Figuras complexas de Rey*: teste de cópia e de reprodução de memória de figuras geométricas complexas. 2. ed. São Paulo: Pearson, 2014.

RYNKIEWICZ, A.; JANAS-KOZIK, M.; SŁOPIEŃ, A. Girls and women with autism. *Psychiatria Polska*, Varsóvia, v. 53, n. 4, p. 737-752, 2019. Disponível em: https://doi.org/10.12740/ PP/OnlineFirst/95098. Acesso em: 10 maio 2024.

ROGERS, S. J.; DAWSON, G. *Intervenção precoce em crianças com autismo*: modelo Denver para a promoção da linguagem, da aprendizagem e da socialização. Lisboa: Lidel, 2014.

ROBINS, D.; FEIN, D.; BARTON, M. *Questionário modificado para a triagem do autismo em crianças entre 16 e 30 meses*. [*s. l.*]: MchartScreen, 2009. Disponível em: https://mchatscreen.com/wp-content/uploads/2018/04/M-CHAT-R_F_Brazilian_Portugese.pdf. Acesso em: 18 mar. 2024.

RØDGAARD, E.; JENSEN, K.; MISKOWIAK, K. W.; MOTTRON, L. Childhood diagnoses in individuals identified as autistics in adulthood. *Molecular Autism*, Londres, v. 12, n. 1, p. 73, 2021. Disponível em: https://doi.org/10.1186/s13229-021-00478-y. Acesso em: 23 nov. 2023.

RUEDA, F. J. M. *Bateria psicológica para avaliação da atenção* (BPA-2). São Paulo: Vetor, 2013.

RUEDA, F. J. M. *et al. WISC-IV*: Escala Wechsler de inteligência para crianças: Manual de instruções para aplicação e avaliação. 4. ed. São Paulo: Pearson, 2014.

RUJEEDAWA, T.; ZAMAN, S. H. The diagnosis and management of autism spectrum disorder (ASD) in adult females in the presence or absence of an intellectual disability. *International Journal of Environmental Research and Public Health*, Basel [Suíça], v. 19, n. 3, p. 1315, 2022. Disponível em: https://doi.org/10.3390/ijerph19031315. Acesso em: 23 nov. 2023.

RYNKIEWICZ, A.; JANAS-KOZIK, M.; SŁOPIEŃ, A. Girls and women with autism: Dziewczęta i kobiety z autyzmem. *Psychiatria Polska*, Varsóvia, v. 53, n. 4, p. 737-752, 2019. Disponível em: https://doi.org/10.12740/PP/OnlineFirst/95098. Acesso em: 18 nov. 2023.

SALLES, J. F. *et al. NEUPSILIN-Inf*: instrumento de avaliação neuropsicológica breve para crianças. São Paulo: Vetor, 2016.

SEDÓ, M.; DE PAULA, J. J.; MALLOY-DINIZ, L. F. FDT (*five digit test*): teste dos cinco dígitos. São Paulo: Hogrefe, 2015.

SILVA, M. A. da; MENDONÇA FILHO, E. J. de; BANDEIRA, D. R. *IDADI*: Inventário dimensional de avaliação do desenvolvimento infantil. São Paulo: Vetor, 2020.

SOCIEDADE BRASILEIRA DE PEDIATRIA (SBP). Triagem precoce para autismo/transtorno do espectro autista. *Documento científico*, Rio de Janeiro, n. 1, abr. 2017. Disponível em: https://www.sbp.com.br/imprensa/detalhe/nid/triagem-precoce-para-autismo-transtorno-do-espectro-autista/. Acesso em: 18 mar. 2024.

SPARROW, S. S.; CICCHETTI, D. V.; SAULNIER, C. A. *Vineland-3*: escala de comportamento adaptativo Vineland: Manual. 3. ed. São Paulo: Pearson, 2019.

SPROSTON, K.; SEDGEWICK, F.; CRANE, L. Autistic girls and school exclusion: perspectives of students and their parents. *Autism & Developmental Language Impairments*, [*s. l.*], v. 2, p. 1-4, 2017.

TARDIVO, L. S. de la P. C.; MORAES, M. C. de V.; MARQUES, A. de M.; TOSI, S. M. V. D. *A técnica do desenho casa-árvore-pessoa (HTP)*: avaliação psicológica no contexto brasileiro. São Paulo: Vetor, 2024.

TUBÍO-FUNGUEIRIÑO, M.; CRUZ, S.; SAMPAIO, A.; CARRACEDO, A.; FERNÁNDEZ-PRIETO, M. Social camouflaging in females with autism spectrum disorder: a systematic review. *Journal of Autism and Developmental Disorders*, Londres, n. 51, p. 2190-2199, 2021. Disponível em: https://doi. org/10.1007/s10803-020-04695-x. Acesso em: 16 fev. 2022.

WERLING, D. M. The role of sex-differential biology in risk for autism spectrum disorder. *Biology of Sex Differences*, Londres, v. 7,

n. 58, 2016. Disponível em: https://doi. org/10.1186/s13293-016-0112-8. Acesso em: 30 maio 2023.

WECHSLER, D.; NASCIMENTO, E. *Escala de inteligência Wechsler para adultos*: WAIS-III. São Paulo: Casapsi, 2004.

WECHSLER, D. WASI: Escala Wechsler abreviada de inteligência. São Paulo: Pearson, 2014.

WING, L. Asperger's syndrome: a clinical account. *Psychological Medicine*, Cambridge, v. 11, n. 1, p. 115-129, 1981. Disponível em: https://doi.org/10.1017/S0033291700053332. Acesso em: 20 jun. 2024.

WHITLOCK, A.; FULTON, K.; LAI, M.; PELLICANO, E.; MANDY, W. Recognition of girls on the autism spectrum by primary school educators: an experimental study. *Autism Research*, Nova Iorque, v. 13, n. 8, p. 1358-1372, 2020. Disponível em: https://doi.org/10.1002/aur.2316. Acesso em: 22 out. 2023.

BIBLIOGRAFIA COMPLEMENTAR

AFFONSO, R. M. L. *Ludodiagnóstico*: investigação clínica através do brinquedo. Porto Alegre: Artmed, 2012.

AMORIM, L. C. D.; ASSUMPÇÃO, T. M. *Psicopatologia e desenvolvimento infantil*. Rio de Janeiro: Rubio, 2016.

BANDEIRA, M.; COSTA, M. N.; DEL PRETTE, Z. A. P.; DEL PRETTE, A.; GERK-CARNEIRO, E. Qualidades psicométricas do Inventário de Habilidades Sociais (IHS): estudo sobre a estabilidade temporal e a validade concomitante. *Estudos de Psicologia*, Natal, v. 5, n. 2, p. 401-419, 2000. Disponível em: https:// www.scielo.br/j/epsic/a/bJsDnDLsLhKM6zwFM4xGJRK/. Acesso em: 16 fev. 2022.

BOSA, C. A.; ZANON, R. B.; BACKE, B. Autismo: construção de um protocolo de avaliação do comportamento da criança: Protea R. *Revista Psicologia*: Teoria e Prática, São Paulo, v. 18, n. 1, p. 194-205, 2016. Disponível em: https:// pepsic.bvsalud.org/pdf/ptp/v18n1/15.pdf. Acesso em: 16 fev. 2022.

BOSA, C. A.; TEIXEIRA, M. C. T. V. (org.). *Autismo*: avaliação psicológica e neuropsicológica. 2. ed. São Paulo: Hogrefe, 2017.

DUARTE, C. P. *et al.* Diagnóstico e intervenção precoce no transtorno do espectro do autismo: relato de um caso. *In*: CAMINHA, V. L. *et al.* (ed.). *Autismo*: vivências e caminhos. São Paulo: Blücher, 2016. p. 46-56.

DUNN, W. *Sensory profile school companion*: user's manual. San Antonio [TX]: Psychological Corporation, 2006.

DUNN, W. *Sensory profile 2*: user's manual. San Antonio [NCS]: Pearson, 2014.

FOMBONNE, E. Epidemiology of pervasive developmental disorders. *Pediatric Research*, Londres, v. 65, n. 6, p. 591-598, 2009. Disponível em: https://doi.org/10.1203/ PDR.0b013e31819e7203. Acesso em: 18 nov. 2023.

GAIATO, M. *SOS Autismo*: guia completo para entender o transtorno do espectro autista. 2. ed. São Paulo: Versos, 2019.

GRANDIN, T.; PANEK, R.; CAVALCANTI, C. *O cérebro autista*: pensando através do espectro. 10 ed. Rio de Janeiro: Record, 2019.

HAGE, S. R. de V.; PEREIRA, T. C.; ZORZI, J. L. Protocolo de observação comportamental – PROC: valores de referência para uma análise quantitativa. *Revista CEFAC*, v. 14, n. 4, p. 677-690, 2012. Disponível em: https://www.scielo.br/j/rce-fac/a/Sp83Rb7WDg7K4t7BQZnFXpM/abstract/?lang=pt. Acesso em: 11 fev. 2020.

JACQUEMONT, S. *et al.* A higher mutational burden in females supports a "female protective model" in neurodevelopmental disorders. *American Journal of Human Genetics*, Los Angeles, v. 94, n. 3, p. 415-425, 2014. Disponível em: https:// doi.org/10.1016/j.ajhg.2014.02.001. Acesso em: 5 dez. 2023.

JOSEPH, L.; SOORYA, L.; THURM, A. *Transtorno do espectro autista.* São Paulo: Hogrefe, 2016.

JOU, G. I. de; SPERB, T. M. Teoria da mente: diferentes abordagens. *Psicologia*: Reflexão e Crítica, São Paulo, v. 12, n. 2, p. 287-306, 1999. Disponível em: https://doi.org/10.1590/S0102- 79721999000200004. Acesso em: 26 nov. 2022.

JÚLIO-COSTA, A.; STARLING-ALVES, I.; ANTUNES, A. M. *Leve pra quem?* Transtorno do espectro autista nível 1 de suporte. Belo Horizonte: Ampla, 2023.

MONTENEGRO, M. A.; CELERI, E. H. R. V.; CASELLA, E. B. *Transtorno do espectro autista – TEA*: manual prático de diagnóstico e tratamento. Rio de Janeiro: Thieme Revinter, 2018.

ORGANIZAÇÃO MUNDIAL DA SAÚDE (OMS). *CID-10*: Classificação estatística internacional de doenças e problemas relacionados à saúde. São Paulo: Edusp, 2003.

ORGANIZAÇÃO MUNDIAL DA SAÚDE (OMS). *CID-11*: Classificação estatística internacional de doenças e problemas relacionados à saúde. Disponível em: https://icd.who.int/ browse/2024-01/mms/pt. Acesso em: 13 jun. 2024.

PEREIRA, A.; MAIA, L. Avaliação neuropsicológica: perturbação do espectro autista. *Iberian Journal of Clinical and Forensic Neuroscience*, Portugal, v. 3, n. 7, p. 983-999, 2015. Disponível em: https://www.researchgate.net/publication/307513358. Acesso em: 17 mar. 2022.

PESSOA, R. C. *Elaboração de laudos psicológicos*: um guia descomplicado. São Paulo: Vetor, 2016.

RAMOS, A. A.; HAMDAN, A. C. O crescimento da avaliação neuropsicológica no Brasil: uma revisão sistemática. *Psicologia*: Ciência e Profissão, São Paulo, v. 36, n. 2, [s. p.], 2016. Disponível em: https://doi.org/10.1590/1982-3703001792013. Acesso em: 11 set. 2023.

SEDGEWICK, F.; HILL, V.; YATES, R.; PICKERING, L.; PELLICANO, E. Gender differences in the social motivation and friendship experiences of autistic and non-autistic adolescents. *Journal of Autism and Developmental Disorders*, Londres, v. 46, n. 4, p. 1297-1306, 2016. Disponível em: https://doi.org/10.1007/s10803-015-2669-1. Acesso em: 13 maio 2024.

SILVA JUNIOR, E. A. da *et al.* Revisão crítica da avaliação neuropsicológica do transtorno do espectro do autismo. *Revista*

Brasileira de Desenvolvimento, São José dos Pinhais, v. 8, n. 5, p. 32706-32725, 2022. Disponível em: https://ojs.brazilianjournals.com.br/ojs/index.php/BRJD/article/view/47337. Acesso em: 19 ago. 2024.

SILVA, M. A. da; MENDONÇA FILHO, E. J. de; BANDEIRA, D. R. Development of the dimensional inventory of child development assessment (IDADI). *Psico-USF*, Bragança Paulista, v. 24, n. 1, p. 11-26, jan./mar. 2019. Disponível em: https://www. scielo.br/j/pusf/a/QyxBPhYQJwGRJhscvwgvWsK/. Acesso em: 19 ago. 2024.

SIRACUSANO, M. *et al.* Sex differences in autism spectrum disorder: repetitive behaviors and adaptive functioning. *Children*, Basel [Suíça], v. 8, n. 5, p. 325, 2021. Disponível em: https://doi.org/10.3390/children8050325. Acesso em: 10 jul. 2024.

STEVENSON, C. L.; KRANTZ, P. J.; MCCLANNAHAN, L. E. Social interaction skills for children with autism: A script-fading procedure for nonreaders. *Behavioral Interventions*, Nova Iorque, v. 15, n. 1, p. 1-20, 2000. Disponível em: https://psycnet.apa.org/doi/10.1002/(SICI)-1099-078X(200001/03)15:1%3C1::AID-BIN41%3E3.0.CO;2-V. Acesso em: 5 dez. 2023.

TAMANAHA, A. C. *et al. Protocolo do Estado de São Paulo do diagnóstico, tratamento e encaminhamento de pacientes com transtorno do espectro autista (TEA)*. São Paulo: SEDPcD; Governo do Estado de São Paulo, 2014. Disponível em: https://www.pessoacomdeficiencia.sp.gov.

br/Content/uploads/20154117642_CARTILHA_AUTISMO_PROTOCOLO_TEA.pdf. Acesso em: 11 fev. 2020.

WOOD-DOWNIE, H.; WONG, B.; KOVSHOFF, H.; MANDY, W.; HULL, L.; HADWIN, J. A. Sex/gender differences in camouflaging in children and adolescents with autism. *Journal of Autism and Developmental Disorders*, Londres, n. 51(4), p. 1353-1364, 2021. Disponível em: https://pubmed.ncbi.nlm.nih.gov/32691191/. Acesso em: 23 jan. 2024.

ZORZI, J. L.; HAGE, S. R. de V. *Protocolo de observação comportamental*: avaliação de linguagem e aspectos cognitivos infantis. São José dos Campos [SP]: Pulso Editorial, 2004.